正面管教的孩子
最有出息

文静◎编著

ZHENGMIAN GUANJIAO!
DE HAIZI!
ZUIYOU CHUXI

中国华侨出版社

图书在版编目 (CIP) 数据

正面管教的孩子最有出息 / 文静编著 . —北京：中国华侨出版社，2015.7

ISBN 978-7-5113-5581-2

Ⅰ. ①正… Ⅱ. ①文… Ⅲ. ①家庭教育 Ⅳ. ① G78

中国版本图书馆 CIP 数据核字（2015）第 168785 号

● 正面管教的孩子最有出息

编　　著	/ 文　静
责任编辑	/ 文　蕾
封面设计	/ 纸衣裳书装
经　　销	/ 新华书店
开　　本	/710 毫米 × 1000 毫米　1/16　印张 16　字数 220 千字
印　　刷	/ 北京溢漾印刷有限公司
版　　次	/2016 年 1 月第 1 版　2016 年 1 月第 1 次印刷
书　　号	/ISBN 978-7-5113-5581-2
定　　价	/32.00 元

中国华侨出版社　北京朝阳区静安里 26 号通成达大厦 3 层　邮编 100028
法律顾问：陈鹰律师事务所
编辑部：（010）64443056　　64443979
发行部：（010）64443051　　传真：64439708
网　　址：www.oveaschin.com
e-mail：oveaschin@sina.com

前言

家庭教育问题历来都是人们常拿来探讨和议论的话题。在当今社会，随着社会竞争的日益激烈，国家政策和教育制度的不断变化，以及外来文化对传统思想的冲击，传统家庭教育中存在的弊端开始凸显。现在，越来越多的家长似乎已经意识到了自己在家庭教育方面的问题。事实上，家庭教育没有一定之规，我们应该做的，就是在条件允许的范围内尽可能给孩子一个良好的成长环境，让家庭教育起到一个积极的作用。

父母是孩子的第一任教师，孩子的明天很大程度上就掌握在今天的父母手中。没有教育不好的孩子，只有不会教育的父母，往往是父母的教育观念和方法决定着孩子一生的命运。因此，不想让孩子输在学习的起跑线上，父母首先就不能让自己输在教育的起跑线上。

家庭是教育孩子的第一课堂，教育家爱尔维修在阐释家庭教育的重要性时这样说："人刚生下来都一样，仅仅由于环境和教育的不同，有人可能成为天才，有人则变成凡夫俗子，甚至蠢材，即使再普通的孩子，只要教育方法得当，也会成为不平凡的人。"这就是在告诉我们，每个孩子都可能成为天才，良好的教育是孩子成功的必经之路。每个爱孩子的父母要想把孩子培养成天才，先要使自己成为天才的教育家，父母要想改变孩子的命运，首先就要改变自己的教育理念和教育方法。

没错，我们需要的正是改变。

本书以提升父母教育水平，培养孩子综合素质为目标，从不同角度着手，探讨了家庭教育的方方面面，以科学辩证的态度，提炼出家长必须掌握的教子策略，包括孩子成长过程中，父母需要注意的问题、教育孩子的方法等内容。

我们精选了许多名人教子以及实际生活中的成功教育案例，并加以提炼、分析，提供了很多可供借鉴的教育方法，提出了更富有针对性的指导，旨在帮助家长更好地处理孩子教育过程中的各种细节。通俗的语言，生动的案例，针对性的讲解，本书将成为您教育孩子的好帮手，希望每一位阅读它的家长都能够掌握科学的教育方法，让孩子赢在起跑线上。

目 录

专制，孩子的成长之殇

在许多传统的中国家庭中，家长就是家中的皇帝。他们说一不二，要孩子怎样孩子就必须要怎样。现在的孩子是很受宠，但家长们真的做到民主了吗？比方说涉及孩子利益的事情，家长有没有征求过孩子的意见？当家庭内部出现争执的时候，家长有没有采用民主的办法来解决？事实上，中国的爸爸妈妈总是习惯用单一的办法，以"这都是为你好"的名义来代替孩子做出决定。而这种行为无疑伤害了孩子的自主意识，让他们越发地不能为自己做主。

专制，孩子的成长之殇 / 002

别要求孩子"俯首帖耳" / 004

放下手中的"黄荆棍" / 007

不恰当的斥责可能会使孩子变坏 / 010

责骂无妨，但不可暴怒 / 013

给孩子一个发言的机会 / 018

做孩子的好朋友 / 021

给孩子自主选择的权利 / 023

放手让孩子编织人生之梦 / 026

你若是自私的根，则必将结出狭隘的果

诚然，人是自私的，但为人父母的我们可曾想过，当你一次次地将自私行为表现出来时，有一双小小的眼睛正疑惑地看着你的表演？家长的种种自私表现，都会在潜移默化中对孩子造成极大的影响，让孩子的心越发地狭窄起来。换言之，你若是那自私的根，孩子则必将结出狭隘的果。

自私自利的性格会影响孩子的未来 / 030

孩子的自私有多少是我们亲自灌输的 / 032

远离自私，从亲情教育开始 / 036

不要给孩子特殊的地位 / 039

爱太过就成了害 / 042

教孩子学会分享 / 044

让孩子学会换位思考 / 048

让孩子学会谦让 / 050

你的冷漠，冷却了孩子的心中的热情

孩子的心地其实原本是热情、善良的，他们之所以变得冷漠，往往是由于受到一些不良影响，尤其是家长对于社会的冷漠态度，可以说是导致孩子冷漠的原因之一。所谓"身教重于言传"，家长务必要做好孩子的榜样，热情待人，关心他人，富有同情心；平日里和孩子一起观看富有教育意义的书籍和电视剧，在融洽亲子关系的同时，培养孩子热情、善良的品质。冷漠心理失去了滋生的土壤，自然无从萌芽。

放大孩子的心胸 / 054

从小培养孩子"热心"的品性 / 057

让孩子充当你的保护者 / 060

告诉孩子，帮助别人不是为了回报 / 063

培养孩子乐于助人的好习惯 / 065

让孩子体会弱者的痛苦，培养同情心 / 069

教会孩子与人为善 / 071

让孩子学会感恩 / 073

醒醒吧！淘气孩子也成才

当孩子多问几个为什么的时候，我们或许会因为工作劳累而懒得回答；当孩子的问题超出我们的知识范围时，我们或是敷衍了事，或是呵斥指责……我们惯用的方法就是——"这些等你长大了就懂了"。我们只看重孩子的成绩而忽略了其他，我们只认为听话的才是好孩子，殊不知，孩子的脑子已经慢慢机械化，已经不懂什么是创新了！

过多地要求听话，妨碍孩子的智力发展 / 078

保持童心，让孩子研究大课题 / 081

绝不能扼杀孩子的好奇心 / 084

别怕孩子"野" / 087

别怕孩子搞"破坏" / 090

孩子淘气并非一无可取 / 092

孩子贪玩不是病 / 095

支持孩子的异想天开 / 098

引导孩子去冒险 / 101

贬损他人并不能抬高自己 / 105

与其为他守护，不如让他承担

责任心是孩子健全人格的基础，是能力发展的催化剂，是一个人立足于社会、担当重任的重要条件。现在许多孩子不知道要承担责任，却只知道理直气壮地争取权利，这与父母把孩子的利益放在最高的位置，对他们的照顾过于周到有关。孩子小时候所表现出各种主动尝试的愿望，这正是一种责任心的萌芽。家长的责任是密切地关注他们、帮助他们、鼓励他们，在他们尝试的过程中，培养其责任的意识，使其成为独立自主的人，对个人、对社会负责的人。

责任心是孩子健全人格的基础 / 108

让孩子学会担当 / 110

孩子自己的行为，应由孩子自己负责 / 113

给孩子承认错误的机会 / 117

教育孩子要敢于迎接挑战 / 119

给孩子提供承担责任的机会 / 122

家庭环境影响孩子的沉稳个性 / 125

诚信，源于父母的正确引导

很多孩子都有一个困惑——为什么大人就可以说谎话，却不允许小孩说谎呢？我们往往会用"善意的谎言"来为自己辩解，但对于孩子而言，善意也好，恶意也罢，那就只是谎言。可以说，孩子的不诚实正是被家长一点点教出来的，很多时候，正是家长的不正确教育和引导，损害了孩子的诚信塑造。

  父母说谎，孩子谎话连篇 / 128
  对孩子说话要算话 / 130
  寻找说谎的根源，播撒诚实的种子 / 134
  教育孩子说真话 / 138
  平静地对待孩子的谎言 / 140
  教孩子从小学会守时守信 / 143
  教孩子学会诚实守信 / 145
  教会孩子真实地表达情感 / 147
  奖励诚实 / 150
  用行动教会孩子诚信 / 153
  做好孩子的榜样 / 156

鼓励孩子去"竞"，而不是只教他们去"争"

  竞争是社会发展的动力，没有竞争也就谈不上进步，人类本身就是在大自然的竞争中"优胜"出来的，所以人天生就有竞争意识。然而，你的竞争心态健康吗？当你在单位被同事超越时，在生意场上被对手打败时，你会不会对竞争对手辱骂、诅咒呢？别以为孩子还小，听不懂这些大人的事情，事实上，他已经从你的身上学会了仇恨超越他的人。部分在竞争中失败的孩子，往往会流露出不高兴的情绪，会对获胜的一方充满敌对情绪，表现为不再和对方交朋友，甚至怂恿别的伙伴孤立他。合格的家长，应该让孩子明白，竞争不应该是狭隘的、自私的，竞争者应具有广阔的胸怀。

别让灰色心理影响孩子 / 162

正确引导孩子攀比的尺度 / 164

别让忌妒伤害孩子 / 166

培养孩子宽容的品性 / 170

为孩子敲响骄傲的警钟 / 172

别把孩子捧上天 / 175

鼓励孩子去发现别人的优点 / 178

转变观念，让孩子领导我们

中国家长非常看重自己的权威，在绝大多数家长眼里，"我是老子，你是小子"，做小辈的就只有听话的份儿、被领导的份儿，正是这种根深蒂固的尊卑观念，就像是一把无形的刀，砍伤了孩子自小就有的领导欲望，令他们越发变得软弱无能，其实我们为何不能转变观念，试着让孩子来领导领导我们呢？

别磨灭了孩子那点"小野心" / 182

给孩子领导自己的机会 / 185

树立孩子的带头意识 / 189

给男孩一个"将军"梦 / 192

告诉孩子，想当领导须先提高自己的能力 / 195

培养孩子的使命感 / 199

目录

隔离庇护，削弱了孩子的社交本领

有些父母往往有意无意地为自己的孩子选择朋友，限制孩子的自由交往。当然，父母的用心良苦毋庸置疑，他们担心自己的孩子被别的孩子欺负等。但是，这样做等于父母们代替了孩子的思维，代替了他们分析，代替了他们去和伙伴"算账"，这样做的结果无疑是把自己的孩子推到孤立的地位，而且使孩子产生依赖性，觉得有父母的坚强后盾，有什么问题都可以躲到父母身后，寻求庇护。这于孩子日后交友是极为不利的。

孩子需要有自己的朋友 / 204

不要随意否定孩子的朋友 / 207

从倾听中认识孩子的朋友 / 210

培养孩子正确的是非善恶观念 / 212

别让孩子变成"小霸王" / 215

教孩子正确处理与小朋友的冲突 / 218

引导孩子融入集体中去 / 221

在孩子选择朋友上表明态度 / 223

儿童性教育，父母必须正视的问题

中国家庭受传统文化影响很深，所以思想相对保守。这种根深蒂固的传统文化的束缚，让中国的父母至今不能正确的引导孩子如何正确地看待性的问题，大多数父母还是谈"性"色变，一直在回避孩子关于性的话题。这反而引起了孩子对性的好奇，觉得性是十分神秘的，这又往往会导致孩子误入歧途。事实上，性教育应该是孩子的必修课。

关注孩子的性别意识问题 / 228

不要一味遮遮掩掩 / 230

主动与孩子谈早恋 / 232

早恋要疏导而不要死堵 / 235

让孩子自己把握与异性交往的分寸 / 238

让男孩顺着阳刚天性成长 / 241

专制，孩子的成长之殇

在许多传统的中国家庭中，家长就是家中的皇帝。他们说一不二，要孩子怎样孩子就必须要怎样。现在的孩子是很受宠，但家长们真的做到民主了吗？比方说涉及孩子利益的事情，家长有没有征求过孩子的意见？当家庭内部出现争执的时候，家长有没有采用民主的办法来解决？事实上，中国的爸爸妈妈总是习惯用单一的办法，以"这都是为你好"的名义来代替孩子做出决定。而这种行为无疑伤害了孩子的自主意识，让他们越发地不能为自己做主。

专制，孩子的成长之殇

一个小学生，只有8岁，父母要他学钢琴。他每天下午放学，就必须先练一个小时钢琴，然后做功课。星期天更是得忙，上一上午补习班，下午还要上教师家里学琴。孩子对弹琴没有兴趣，他看见钢琴就厌恶，他几次想把钢琴毁掉，几次反抗说："我不弹，我不要学。你打死我，我也弹不好！"但父母却不顾孩子的兴趣与反抗，一定要孩子学，他们说："已经学了两年了，花了这么多钱？你应该争气，把琴学好！今后每天不弹熟练习曲，就不许出去玩儿！"

孩子没有兴趣，没有学习的要求，父母只是管束、训斥和强迫，孩子是不可能学好的。而且时间长了，孩子还会滋生反感、厌恶的情绪，以致消极对抗。这样的事我们见过和听过的都很多。

孩子是需要从小培养的，儿童的智力也应该从幼儿时开始启发，但起码应该先从培养儿童的兴趣着手，而兴趣又是因人而异，绝不能由父母来主观决定或强加在孩子的身上。在幼儿时期，做父母的可以鼓励孩子们学习和接触各种事物——画画、写字、弹琴、跳舞、武术等等，启发孩子的兴趣，让他们自己产生学习的要求。只有当孩子们愿意学习时，他们才能把坐在桌前画画、写字，坐在琴前弹琴当作一乐事，一两小时还嫌少，他们的学习也才会进步。

反之，没有自觉的要求，即使可以强迫一个时期，也不可能持久。

这是因为一个人不论做什么事情和学习什么东西，只有当他把自己的身心都投入到那件事情上时，才能做好或学好。

遗憾的是，受传统文化影响，很多家长在教育子女的过程中，不知不觉地成了一名"暴君"。他们往往更看重自己的"权威"，常用命令的口气让孩子听命于自己；孩子的一切事情都由自己说了算，不允许孩子有自己的意见，不允许孩子做出自己的选择；不提供给孩子可自由支配的时间和空间；孩子如果不听话，就会遭到严厉的训斥或惩罚。

这种专制型的做法会给孩子带来什么呢？

首先，孩子感觉不到来自父母的爱。他们根本理解不了父母为何什么事都要管着自己，他们会觉得自己就像玩具一样被父母操弄着。

其次，孩子会从内心深处生出对父母权威的惧怕，进而产生恐惧心理和压抑感，久而久之，容易使孩子形成胆小、怯懦、孤僻、冷漠的性格。这种影响很严重，会形成对孩子生活的控制，甚至延续至孩子的成年。

再次，这种专制型的做法，容易使孩子产生抵触情绪，与家长形成情感对立，甚至产生逆反心理。这是很糟糕的事情，在这个过程中，孩子的乖巧行为更多是出于害怕惩罚，并不是真的"心悦诚服"。因此，他们无法培养起自身内在的控制力，一旦控制者转过身去，被控制的孩子就会像脱缰的野马。

最糟糕的是，以"专制"为主体的教养方式，根本就起不到教育的良好作用。首先，它会让父母更专注于消除孩子的缺点，因而往往忽略了孩子的优点，孩子长期得不到赏识、鼓励，这对他们的自信是莫大的打击。其次，由于父母注重的只是惩罚孩子，使得他们不会去学习采用其他更为适当的方法来纠正孩子的不良行为，而那些方法原本就能减少惩罚孩子的必要性。由于专制型的教育不把孩子当作个性独立的个体来对待，因此这种教养方式难以唤起父母与孩子之间的共鸣，不能形成各自内心的美好体验，即使在严厉的责罚背后有着一颗温柔的心。

而在孩子幼稚的心里，这样的爸妈就像是可怕的"独裁者"，他们在严格的要求下，没有自己的时间和空间，没有为自己申辩的机会，甚至连交朋友的权利都没有。不难想象，在这种环境中成长起来的孩子，内心该是多么地无奈和沮丧，又有多少孩子因此越发叛逆，终至堕落。

很多家长们应该清醒了！不要让"专制"这把刀砍伤孩子。所有的家长都应该认识到，教养孩子不是你对孩子做的事情，而是你与孩子一起进行的一个学习过程。不要再以为，管好孩子，让他顺着自己的意愿行事，按照自己安排的道路行进，就是最好的教育方法。

孩子是没有定型的、正在成长中的人，在父母面前，他们处于弱势地位，但他们同时又有自己的思想、自己的感情、自己的个性，并且有着巨大的潜能，你一味操控，那么这把"专制之刀"就势必会给孩子造成深深的伤害。

所以爸爸妈妈们，请尽快放下手中的"利刃"，做民主型的家长吧！

别要求孩子"俯首帖耳"

一些父母在生活中总是简单粗暴地对待孩子，孩子的一些想法行为，只要是自己不喜欢的，一律压制、"改造"。结果，孩子表面上对父母唯命是从，但心里却对父母感到怨恨、恐惧、不满。其实，父母应该明白，孩子有自己的想法是一件很正常的事，应该认真考虑孩子的感受。如果孩子真的有问题，父母可以以朋友谈天的方式与孩子交换一下看法，让孩子心甘情愿地接受你的意见。

大刚和几个好朋友约好了，周六晚上都去同学王磊家下围棋，同时也商量一下升学考试的事情。吃过晚饭，他要出门时，爸爸却大声呵斥："晚上到哪儿去？不许去，给我在家里待着！""他去和同学商量考试的事。"一旁的妈妈替大刚解释，可是爸爸仍然声色俱厉："升学的事和同学有什么好商量的？用不着！开家长会的时候，我跟班主任已研究定了，你只要好好念书，考高分就成了。"爸爸教训完大刚，又转过脸来冲着妈妈喊："就是你纵容他，把孩子惯得简直不像话！在这个家，我是老子，我说了算数！"

大刚的心里难过极了，不仅仅是由于爸爸的阻拦使他在同学面前失了约而难过，也为爸爸如此的粗暴专制而难过。其实，他知道爸爸也是疼他的，有一次他生病时，是爸爸背着他跑到医院。可是，大刚就是受不了爸爸对他自己的事情的粗暴干涉。所以好多时候，他心里有事，宁愿憋着，也不跟爸爸讲，免得又招致爸爸的责骂。

简单粗暴也是不文明的表现。谁都不会喜欢专制的领导或同伴。子女对专制的父母同样也是反感的，尽管表面上可能表现得"百依百顺"。

用简单粗暴的方式去解决问题往往把好事弄成坏事，成事不足，败事有余。事后不少父母也后悔莫及，但由于未下大决心克服这种毛病，后悔归后悔，再遇事又旧病复发，弄得孩子见父母如同老鼠见猫，何谈沟通交流，更何谈父母子女之爱？

自然，父母不允许孩子做的事，大都是有道理的，可是没有多少道理或者干脆不讲道理的也大有人在。但是对孩子，无论是在什么情况下，用粗暴的语言、态度，只会伤害孩子的自尊心，引起孩子更激烈的反抗。

因此，我们建议家长以对等的心态教育孩子，不要对孩子专制粗暴，应该多站在孩子的角度想问题。要知道，孩子的思维方式和成人的思维方式是不同的，家长应该抱着平等的态度，丢掉成年人的思维模式，以孩子的眼光来理解他们的世界，并给予引导，那么亲子关系一定会和谐得多。

两代人之间有太多的不同看法，父母不能因为自己觉得不合理，就粗暴地压制孩子。教子应该是努力启迪和教育孩子，让孩子健康自然地发展，粗暴地强迫孩子如何如何，效果一定不会好。

孔子曾说，"鞭扑之子，不从父之教。"也就是说被鞭子打过的孩子，不会听从父母的教导。简单粗暴的专制管教形式，是无法让孩子真正心服的。父母们遇到具体事情时，应当多和孩子协商、讨论，而在讨论具体的问题时，父母不妨多一些幽默感，不要压抑、限制孩子的愿望。对孩子提出的合理要求、愿望应尽可能地去满足；对孩子的一些无伤大雅的"越轨"行为睁一只眼，闭一只眼，对孩子的合理建议要认真采纳，等等。总之，父母一定要平等、民主地对待孩子，这样孩子才会爱戴父母，才会生活得毫无压抑感。

对孩子"出格"的想法与行为，要尽可能地宽容谅解，把孩子当成独立的个体看待，不要粗暴地管制孩子。如果你能让孩子把你当成亲密的朋友，那么你就算得上是称职、开明的父母了。

放下手中的"黄荆棍"

在中国人的心目中,"黄荆棍下出好人"的古训几乎成了一条真理。其实,这是一条很不好的古训。研究证明,对孩子采用暴力是一种很不好的方法,对孩子的身心都会造成很大的危害。聪明的父母必须学会循循善诱,让孩子高高兴兴地按父母的愿望办事。

近两年来,地方的报纸报道过几起父母打死亲生子女的事件。这种事件到处都有。事情的起因都非常简单,就是孩子不听话,不好好读书,引起了父母的恼怒。通常开始是骂,骂了,孩子不听,仍然不认真读书,喜好在外面玩耍,于是父母就动手用棍子打。当然开始也还只是小打,因为又有哪一个父母不疼爱自己的子女呢?他们之所以督促孩子读书,骂孩子不读书无非是想孩子成龙。当然"成龙"这只是一个形象的比喻而已,并不是每个父母都奢望自己的孩子成龙。说实话,大多数的父母,也不过是望子多读一点书,成为一个有用的人。

孩子年幼,父母亲有时候过分迷信打骂可以使孩子用功读书或成绩进步,这是相当可笑的想法。应该适时引导孩子从小对读书的兴趣,并教导他们正确的社会价值观。以人为本的教育才是现代年轻父母所应保持的理念,因为"打"并不能使孩子明了父母的用心,只会在幼小的心灵上造成不可磨灭的伤痕。

既然只是为了教训孩子,使他有些惧怕,因而即使打也不宜多打。打两三下,作为警告也就够了,这也就是我们常讲的"响鼓不用重槌敲";反之,打多了,打惯了,把一个孩子打"皮"了,那么,孩子对打也就不会有所惧怕了。一旦一个孩子对打失去了惧怕,那就最好就此住手,另想他法。如果做父母的仍执迷不悟,认为打一定可以解决问题:不信你不怕打。那么就会越打越重,越打越厉害。

所以,绝对不能迷信棍子的威力,尤其是今天的孩子成熟得早,他们有着更强的独立意识。这就是为什么打多了,他们不是更怕打,而是仇恨和反抗的原因。

如果说父母只想通过打使孩子吃一些皮肉之苦,从而有所惧怕,使孩子对自己的过失有所反省和悔悟,那么父母就还要做耐心的说理与说服工作,使孩子明白父母为什么打他。同时,劝孩子今后应汲取教训,不再做不应该做的事,如逃学、旷课、不做功课、在外打架惹祸等。

父母打孩子往往是出于一时冲动,大多没有经过大脑思考,却会造成不可弥补的严重后果——使孩子产生不良的心态和心理偏差。如孩子说谎,正是因为有的父母一旦发现孩子做错事就打,孩子为了避免"皮肉之苦",瞒得过就瞒,骗得过就骗,骗过一次,就可以减少一次"灾难"。可是孩子说谎往往站不住脚,易被父母发现。为了惩罚孩子说谎,父母态度更加强硬;而为了逃避挨打,孩子下一次做错事更要说谎,这样就构成了说谎的"恶性循环"。

如果孩子经常挨父母的拳打脚踢,时间一久,这种孩子一见到父母就会感到害怕,不敢接近。因此,不管父母要他做什么,也不管父母的话是对是错,他都只是乖乖服从。在这种不良的"绝对服从"的环境下成长的孩子,常常容易自卑、懦弱。

这种孩子往往会唯命是从,精神压抑,学习被动。经常挨打的孩子会感到孤助无援,尤其是父母当众打孩子,会使孩子的自尊心受到伤害,往往会怀疑自己的能力,会自感"低人一等",显得比较压抑、沉默,认为老师和小朋友都看不起自己而抬不起头来。

于是这种孩子往往不愿意与父母和老师交流，不愿意和小朋友一起玩儿，性格上显得孤僻固执。有的父母动不动就打孩子，损害孩子的自尊心，使他们产生对立情绪、逆反心理，于是，有的孩子用故意捣乱来表示反抗。你要东，他偏要西，存心让父母生气。有的孩子越挨打越不认错，犟劲越大，常常用离家出走、逃学来与父母对抗，变得越来越固执。

年轻的父母们，请放下你的棍子！无论孩子犯了什么错误，都要进行耐心细致的教育，"大打出手"的做法是解决不了根本问题的。

孩子淘气是难免的。有的父母往往不能正确地对待孩子的淘气，因为一点小事就罚孩子站。罚站是一种很常见的方法。有的父母甚至罚孩子站很长时间，这是不可取的。

孩子骨骼发育不成熟，脊椎、腰椎都还很脆嫩。如果让孩子带着恐惧的心理站很长时间，势必加重腿部肌肉的紧张度，加重脊柱和腰椎的负担，两腿发胀、发麻，无控制地弯曲和腰酸。这对孩子的身心健康都是很有害的。

很多事实证明，罚站是起不到良好的教育作用的。虽然孩子受到了"腰酸腿疼"的折磨，但是并没有找到自己犯错误的原因，也不知道今后如何改正，这就无形中剥夺了孩子承认错误和改正错误的机会。研究表明，体罚常常会加剧孩子的抵触情绪，加深父母子女之间的隔阂，真是得不偿失。

总之，为了让孩子的行为规范，父母不要轻易对孩子发火或者体罚孩子，这样就不可能教会孩子如何控制自己的冲动行为，由于父母的自我失控，反而令孩子感到恐惧，这是适得其反的。

不恰当的斥责可能会使孩子变坏

父母过多的斥责、严厉的管束不但会束缚孩子的主动性，还会扼杀其心灵的创造精神。

有一位很好的中学教师，她管教的学生遵纪守法，学科成绩好。她在家中对子女的要求也甚严，孩子在家不大叫大吼，吃饭时不许说话，坐在椅子上背必须伸直，家规一套又一套。孩子不留神，稍有过失，她就斥责。由于她长年的这种模式般的训练，孩子虽然是变得听话了，对人也彬彬有礼了，但却也变得拘谨、怕事、被动。

有一天，她的学校里举行观摩教学，中午她未能回家。孩子中午放学回来，就坐在沙发上等母亲。整整一个中午母亲没有回来，没有给他们做饭，他们也就饿了一个中午。下午放学回来，母亲问他们中午吃些什么，他们说没有吃什么。母亲问那个12岁的姐姐，冰箱里有速食面，为什么不取出来泡了吃。

两姐弟却说："你没有讲呀！"

同样的情形，有一次，那位教师在做菜，发现酱油瓶里没有酱油。而家里又适逢有客，菜不能马虎，于是她只得叫她的女儿上街去买酱油。不巧，那天杂货铺盘点，关了门，只在门前摆了一个小摊。小摊上没有瓶装酱油，只有塑料袋包装的，半斤一袋、一斤一袋的均有。女孩由于母亲没有吩咐可以买袋装酱油，不敢买，结果空着手回去了。

这些学生之所以在多彩的生活面前显得这样无能，主要是因为他们在家中常遭父母的斥责，父母管得过严，而形成了怕事的被动习惯。

这些孩子只知道听从大人的吩咐，自己从没有主见，也不敢有自己的见解和要求。他们既没有自己独立的思考能力，也没有自己的判断力，当然也就更谈不上有什么创造性了。

斥责是父母在孩子出现不当行为时常用的一种方法，不恰当的斥责，往往会给孩子的发展带来负面影响。主要表现在：

1. 影响孩子独立性的发展

在父母看来，斥责孩子是为了管教孩子，而管教孩子就是为了让孩子听话，因此经常强迫孩子照父母的话去做，否则就开始斥责。这很容易使孩子变得被动、依赖，遇事只会等待大人的指令，不敢自行做出判断，唯恐做错事情遭到斥责，这不仅会影响孩子独立性的发展，对孩子思维能力和创造力的培养也极其不利。

2. 伤害孩子自尊心

斥责的语言往往会伤害孩子的自尊心。在父母一次次的斥责声中，孩子会渐渐习惯这些词语，从而变得麻木不仁，自尊心受损。这正如有人指出的："那些被认为没有自尊心的孩子，是外界没有给他们提供使自尊心理健康发展的良好环境。他们的自尊心是残缺的、病态的，他们是斥责教育的受害者。"

3. 削弱孩子自我教育的能力

从表面看，遭到斥责的孩子很快表示服从，似乎问题得到了解决。但事实上，孩子考虑的只是斥责给自己带来的痛苦体验，而对自己的过错行为本身却很少自我反思，因此斥责反而会削弱孩子自我教育的能力。

最糟糕的一点是，不恰当的斥责还可能使孩子变坏。前面已谈到，管教过严，或过多的斥责可能引起子女的反感，甚至憎恨，那是危险和可悲的。但是另外还有一种危险，那就是孩子对斥责置之不理，但口头上不反抗，内心不服。你越骂我越要做；你越不喜欢，我越要做。

美国著名儿童心理学家曾对父母的责骂是否对孩子成长有所影响进行研究，他把父母责备孩子的不良态度分为下列几种，并且举出了一些会使孩子变坏的责备方式：

难听的字眼：傻瓜、骗子、不中用的东西。

侮辱：你简直是个饭桶！垃圾！废物！

非难：叫你不要做，你还是要做，真是不可救药！

压制：不要强词夺理，我不会听你的狡辩！

强迫：我说不行就不行！

威胁：你再不学好，妈就不理你了！你就给我滚出去！

央求：我求你不要再这样做了，行吧？

贿赂：只要你听话，我就给你买一辆自行车。或者只要你考到100分，我就给你100元。

挖苦：洗碗，你就打碎碗，真能干，将来还要成大事哩！

这类恶言恶语、强迫、威胁甚至挖苦，都是那些年轻父母在气急的时候，恨铁不成钢的情况下，训斥子女时常采用的方法。但是，它们通常也是最不能为孩子，尤其是有些反抗性或自尊心强的孩子所接受的。这不但不能把孩子教好，只会把事情弄僵，在不知不觉中给予孩子不良的影响。至于央求和用金钱来诱惑，更是不可取，只会把孩子引上邪路。

由于父母管教方式的不当而产生的类似的悲剧太多了。因而，在这里我们想针对上述不好的责备方式，提出一些管教孩子的原则。

这些原则谈起来简单，就是在孩子做得好，做出了成绩时，要及时肯定和适当地赞扬，鼓励孩子继续进步。当孩子做错了事或闯了祸的时候，作父母的一定要冷静，查明事情原委、弄明事情真相，然后再责备。

为了避免斥责带来的负面效应，父母要尽量少用斥责，确有必要进行斥责时，应注意以下三点：

1. 尊重孩子的人格

大人往往觉得孩子小，什么都不懂，殊不知孩子是正在成长中的人，他们对周围的人和事会有自己的认知方式和情感倾向，也需要别人的理解和信任。我们只有尊重孩子，用科学民主的方法对待他们，才能把他们培养成有高度自尊心和责任感的人。因此，斥责孩子时一定要注意场合和分寸，切莫在大庭广众之下训斥孩子，也不要说粗鲁、讥讽孩子的话。

2. 让孩子知道自己为什么受斥责

由于孩子年龄小，知识经验少，能力有限，因此常常会惹出这样那样的事端来，父母应实事求是地加以评价，讲清道理，同时应帮助孩子分析原因，引导他自我反省。

3. 告诉孩子正确的做法

斥责本身只是一种教育手段，而不是教育的目的，教育的目的是使孩子今后不再犯同样的错误。因此，父母在斥责孩子的同时还要耐心地教给孩子做事的方法。最好是暗示，让孩子自己去思考、去判断，通过自己的努力加以改进。

责骂无妨，但不可暴怒

父母管教的方式在不知不觉中影响孩子的发育与成长。过多的或不当的斥责不仅会束缚孩子的主动精神，也会扼杀儿童的独立性和创造性，并给孩子的心灵造成严重的创伤。而今，世界却到处充满挑战，它要求人们独立思考、坚强的意志、创新与创造能力。

教育孩子，古往今来对父母来说都是一门很大的学问。做人本来就是一门很大的学问了，而比起做人，做父母就更是一门大学问。在生活中，我们时常可以看到一些人，他们很会做人，在与朋友和同事的交往中，他们热情周到，和蔼、不卑不亢。然而在家中，他们却不能妥善地处理与子女的关系。问题就出在管教子女的方式上。不是失之过严，就是失之过宽。不是把孩子管教成过于老实的人或木头人，就是把孩子惯成了"飞天蜈蚣"。

我国几千年来一直非常重视子女的教育，教育中包括对孩子不良行为的责备。只是在责骂时，绝不要由于一时气愤、感情用事而大发雷霆，大声斥责。因此，"责骂无妨，但不可暴怒"便成为教养子女的戒律之一。

做父母的要教育自己的孩子，就免不了要责骂。完全不责骂，对孩子的任何行为都听之任之，必然会纵容孩子，惯坏孩子。我国有句古话："玉不琢，不成器。"说的也就是这个道理。孩子不好好管教，是不会成材的。而对于放任孩子不管的父母也有一句警语："子不教，父之过。"

心理学研究表明：父母管教孩子，如果管得过于严厉，久了，孩子就成了唯命是从、缺乏主见的木头人。没有创新精神，过于被动，就不能自主更生，更谈不上创一番事业了。这样的孩子长大后在竞争激烈的社会中，是无法适应竞争要求的。因此，管教要松紧适度，严而有格，严而有度。在重复出现的失误、危害他人或造成不良影响以及道德品质上的、原则性的是非问题等要适当地管严些，但绝不是严厉、严酷、声色俱厉。现今有些父母，他们动辄大声斥责。一家孩子犯事，四邻连带遭殃。

专制，孩子的成长之殇

场景一：

饭桌上，孩子不小心，饭碗掉到了地上。顿时，碗破饭撒，孩子吓呆了，母亲怒不可遏，一把把孩子从凳子上拽下来，大声斥责道："这么大的孩子，连个碗都端不好，别吃饭了！"孩子伤心地哭了，母亲见状更是生气，厉声喝道："还有理哭呀？闭住嘴，滚到你屋里去！"孩子抽泣着，难过地回到自己的房间。

场景二：

教师带领儿童到儿童乐园去，在结束集体游戏后，教师就吩咐孩子们自己去玩儿自己喜爱的游戏。这本来应该是孩子们皆大欢喜的事，他们可以自由玩耍。而有些孩子竟木然地站在那里不知应该做什么，使老师感到惊讶。老师没有吩咐，没有布置，他们就不知如何行动。没有了指示和布置，他们就无所适从。孩子们的天真哪里去了？他们的主见和喜爱哪里去了？

有些父母，尤其是母亲，样样事情都要求孩子按照自己的意思和方法去做。一看到孩子的所作所为不合自己的心意，甚至不是按照自己的方式方法，就出来指责："应该这样做，而不应该那样做。"实际上做一件事情通常是可以有多种方法的。在同一条件下，不同的人可能会有不同的反应，于是产生不同的行为方法，这些都属正常现象。只允许一个模式，尤其是自己的模式，那是不正确的。

那么，怎样责备孩子才较为恰当呢？这里基本上可以归纳出三条原则：

1. 首先是要尊重孩子们的人格

做父母的一般常认为孩子小，尚未成人，谈不上什么个人的人格。这是极端错误的。孩子是有其自身的人格和自尊心的。只有尊重他们的人格，并且尊重他们的人格时，斥责和责备才会为孩子所接受。否则，孩子不会乖乖地听父母的话。

2. 必须让孩子明白自己为什么挨批评，错在哪里

如果孩子认识了自己的错误，而且有所醒悟，就可不必再追究。因为父母斥责的目的也就是要让孩子知道、认识自己的过失。否则一味地责备，只会伤害孩子的自尊心，会收到相反的效果。

3. 告诫孩子不要重犯

与此同时，父母还可以把自己的想法和正确的做法告诉孩子，由孩子自己决定一些原则，具体的做法还可因人、因地而异。不过，总而言之应该了解孩子的心理，理解孩子的心情，弄清事情的原委，对孩子的过失不夸大，也不掩饰。

责备孩子时，应该冷静而又不乏热情。不使用偏激的语言，字字句句都说在一个理字上。要使孩子感到亲切，感到爸爸妈妈是讲道理的，目的在教育自己学好，教育自己如何做人，完全是为了自己好，因而乐于接受父母的斥责。绝不能使孩子感到委屈，感到冤枉，或者感到父母蛮不讲理。因此，在训斥孩子时，父母既要严肃，又要冷静，同时满腔热忱。

请注意以下几种方法：

1. 宽容孩子的脏话

两三岁刚学会说话的孩子偶尔也会说出一两句不知在哪里学会的脏话，有的大人听了，不但不感到什么不雅，反而会发笑，觉得好玩儿："这小家伙不知同谁学了这脏话！"因而也不纠正。

到孩子上小学，尤其是上中学以后，孩子再说脏话，一般父母就都会觉得不雅和厌恶了。可是，大人虽是不喜欢，孩子却因从小无人纠正，越讲越多。原因在于有些脏话已成为一些小学生和中学生的口头禅，或见面的招呼语。

孩子们有他们的话题，有他们的小天地。他们也有他们的语言，我们做大人的不去要求他们说我们的语言，尤其是作为教师或知识分子的语言。如果我们做父母的忽视孩子的这种心理，一味地责骂他们

不文明，就成了大人直接干扰孩子们的天地。而且，强迫他们摒弃他们的语言习惯，就会使孩子无法和同学们打成一片，无法融合到集体中去。这也就是为什么父子的斗争不会有胜利者，甚至反伤了感情。

同时，孩子进大学换了环境，语言环境也发生了变化，他们会自然而然改掉自己说脏话的习惯。所以在这些小节上，父母耗费太多的精力去纠正他是没有必要的。当然，父母对孩子的脏话和不文明的言谈，在日常交谈中一旦发现可以而且也应当指出和教育，但不必小题大做，把它看得过于严重。至于有些人到老还是一口脏话，那也是与他的生活环境和工作性质有密切联系，也不必过多责怪。

2. 对孩子不能恳求

有的母亲因为孩子不听话伤透脑筋，打也不是，骂也不是。有时急得无奈，只得向孩子恳求："听我的话，你就做这一次，好吗？"

现在不少家庭有了钢琴，父母想培养孩子弹钢琴。或者家里有一个男孩子，父母想要他学画。有的孩子开始时，由于很小，父母怎样吩咐，他们也就怎样做了。但过了一段时间，他大了一点，而且练习量加大，他们逐渐体会到弹钢琴和学画的艰苦。他们对弹琴和学画不再感到新奇，反而感到长时期坐在钢琴前和画桌前枯燥无味、受罪，于是放弃练琴、画画。父母急了，就来劝说，劝说久了，无效，就恳求："我的小祖宗，你怎么不练了呢？快来，听妈的话，练完。好吧？"

有一位母亲，她的小儿子在幼儿园里是有名的小画家。他的画曾几次参加儿童画展，并且获得过奖。因而外国友人来参观幼儿园，看他作画也就成了幼儿园的一个精彩节目。有一次，幼儿园老师把纸笔都准备好了，外国友人也来了，只等他作画。而他那天不知怎么了，就是不想画。他不肯画，老师来劝也无效，只得把他母亲请来，母亲说了许多好话，他还是不肯，最后母亲只得恳求道："乖孩子，听妈的话，就画这一回，好不好？妈就求你画这一回！"

那次，孩子在母亲的一再恳求下，虽然画了，母亲却从此欠了儿子一笔债，使他日后对抗母亲或要求母亲做事有了本钱。这给孩子日后的教养留下永不可磨灭的阴影。

一般孩子任性，都知道父母最后会屈服。因此，父母恳求孩子也就等于自动放下武器，孩子必然会变本加厉地任性。

孩子通常对父母的责备本就很敏感，如果父母还经常将就他们，日久只会造成他们任性。

没有一个父母会承认自己不讲理，但在责备孩子时，在气头上，自以为讲理，实际上蛮不讲理，或者只讲自己的理，不许孩子讲孩子的理，却是常有的事。这就是为什么强调要冷静。

给孩子一个发言的机会

生活中，许多家长对孩子讲话时总是用训斥的口气，要求孩子做事情时则用命令的方式，但在孩子想说话时，家长不是粗暴地打断，就是不理不睬。这是很糟糕的情况，孩子虽小，但也有自己的想法和主张，因此家长应该改变自己的专制作风，孩子需要的是可以平等进行语言交往的伙伴。

在中国的许多家庭里，有个很奇怪的现象。一方面，父母对孩子很娇惯，对孩子的物质要求有求必应；另一方面，父母却从不把孩子当作一个有思想、有主见的人，也不考虑对孩子的做法是否恰当，以及孩子可能会有什么想法。因为他们是家长，就似乎一切做法都是正确的、合理的。

这样在孩子身上会产生一种什么样的后果呢？

有一个孩子叫亮亮，他已经是小学五年级的学生了，可是，他却不善于语言表达，在众人面前，一说话就脸红。

孩子为什么会这么忸怩呢？

原来亮亮的父母有一套教育、管理孩子的办法。

有客人来亮亮家做客，亮亮的父母要求孩子要有礼貌，要懂事，大人们说话时，小孩子不许乱插嘴，最好是到别的地方去玩，让大人们清静地说话。

即使是只有一家三口的时候，亮亮的话也时常被打断。比如，当孩子兴高采烈地说着什么时，父母却要不时地打断孩子，纠正他的发音、用词，或者批评他的某个想法，等等，这令孩子兴味全无。

即使是成人，当自己的发言屡遭别人打断或反驳时，也会兴致大伤，缄口不言。因此，这种做法必然会影响孩子个性和能力的发展。

多数孩子逐渐变得不愿独立思考、自主行事。这很自然，既然动脑子出主意受到批评指责，又何必自讨苦吃呢？

可是，正如例子中所说的，家长不时地打断孩子的讲话，甚至阻止孩子讲话，不给孩子发言的机会，不把孩子当成有思想的人，也就不会用心去体会孩子的思想，去了解孩子内心的想法，而他们还会认为自己是尽到了他们管教子女的责任。

于是到后来，这样的父母往往会抱怨说：

"这孩子怎么不像别人家的小孩那么灵？"

"这孩子怎么反应这么迟钝啊！"

"这孩子真倔，什么都自己做主，从不听大人的意见。"

"他一点儿主见也没有,到底该怎么办,他自己竟然不知道。"

这能怪谁呢?这是自食其果。

父母打断孩子的话,或阻止孩子讲话,使孩子的思想表达不出来,使孩子的意见不能发表出来,这样父母不能了解孩子,不给予孩子恰当的指导,对孩子成长极为不利。一些孩子变得不善于口头表达,变得没有主见、怯懦、退缩;而另外一些孩子却变得独断、盲动,听不进别人的意见。

另外还有一种情况就是,孩子在受到批评、指责时,他们的解释和辩解常常被这样的话打断:"你不要辩解了,这没用","你还敢嘴硬","你又开始撒谎"。

这些话几乎在很多家庭和学校都可以听到。人们习以为常,不再奇怪。但是父母有没有想过,孩子在受到批评和责骂时,他为什么不能辩解呢?

在这种情况下,孩子一般会本能地产生了委屈的感觉,进而伤心、怨恨。他会把这种委屈发泄到其他的对象上,或者去想各种好玩的事情来摆脱这种情绪,这往往就是导致孩子淘气的原因。

教育专家认为,孩子要对某件事进行辩解,而时机又不合适,明智的父母应该这样说:"对不起,现在我很忙,但我一定会听你的解释,等我有时间咱们再慢慢谈,好吗?"想想吧,这对孩子来说无疑是大旱甘霖,他不但不委屈、怨恨,反而信心大增,并会想自己是不是有什么地方的确做得不妥。

从现实的方面讲,难道有哪位父母真的希望孩子长大以后遇到类似的情况而不辩解吗?不,那时他的母亲一定会气愤地说:"你为什么不辩解?你是哑巴吗?"

孩子的这种权利受到尊重,一般会增强他的自信心和荣誉感,他反而会注意别人的权利是否也被自己尊重了,从而增强自治能力。

因此,家长应当把孩子当成是一个有思想的独立个体,给孩子对等的地位，尊重孩子说话的权利。教育学家认为，只有平等的、民主的家庭才能产生具有独立意识、乐观积极的孩子，而专制的家庭只能培养出唯唯诺诺的庸才。

有一个孩子内向、胆怯，他的父母很头疼。后来心理医生建议这对父母在与孩子沟通时，运用对等的手段，就是说把孩子当成与自己地位相等的人一样来尊重，鼓励孩子说话。这对父母半信半疑地试了一段时间后，惊喜地发现孩子的话多了起来，老师也告诉他们，孩子在学校里也比较敢于表达自己的意见了。

父母应真正地给予孩子平等的地位，不打断孩子的讲话，给孩子发言的机会，把孩子当成有思想的人，用心体会孩子的思想，了解孩子内心的想法，这才是真正尽到了教育子女的责任。

开明的父母应该给孩子对等的地位，鼓励孩子发言，锻炼孩子的语言表达能力，让亲子之间顺畅沟通。

做孩子的好朋友

一些家长常困惑地问："为什么孩子有话不愿意对我说？"其实，原因就是这些家长总是一副高高在上的样子，因此孩子们尊敬他们，但却无法理解他们，总觉得跟父母缺少"共同语言"。如果父母们期望孩子接受自己，那么就得运用对等的方式，建立起民主、平等的家庭气氛，做孩子最好的朋友。

美国父母们认为，必须平等地对待孩子，和孩子成为好朋友，才能成为称职的家长，才能教育好孩子。我们可以看一下，一对普通的美国父母是怎样教育他们的孩子的：

弗兰克和杰克琳是美国阿肯色州的自由职业者，他们在教育孩子方面下了很多功夫。他们说自己一直在努力为孩子提供一种民主的家庭气氛，他们和孩子的关系就像朋友一样友好亲密。

对孩子的平等姿态是良好沟通的开始，他们把孩子描述理想的作文保留下来，把他们的学习成绩、身高等按逐年变化绘制成曲线图，从小就教他们唱歌、游泳、划船、钓鱼，带他们到博物馆参观、看展览、看歌剧，有空还带他们到大自然中去呼吸新鲜空气……

在各种活动中，他们不因为自己是孩子的家长就说一不二，或摆出什么都对、什么都懂的样子，而是做能给予孩子知识和欢乐的最知心、最亲密、最可信赖的朋友。遇到比如搬家、换工作、买车之类的事情时，他们就会召开家庭会议，和孩子商量该怎么做；还组织家庭音乐会，并将每个人唱的歌录制在磁带中。由于家庭气氛民主和谐，孩子们生活得无忧无虑。

这样，他们的孩子有事跟父母讲，从不在心里放着，出门说"再见"，进门先打招呼，做饭当帮手，饭后洗碗擦桌扫地；平时买菜、洗菜，给父母盛饭、端汤、拿报纸、捶背；有时父母批评过了头，他们也不会当面顶撞，而是过后再解释。他们常对孩子讲："我们是父子，也是朋友，我们有义务培养教育你们，也应该得到你们的帮助，你们长大了，会发现我们有很多的不足之处，发现我们很多地方不如你们，这是正常的。因此，我们要像朋友一样互相谅解，互相帮助。"

在这个美国家庭中，不管是家长，还是孩子，都是平等的，孩子提出的看法，父母都认真考虑，有道理的就接受；而父母的想法也都和孩子讲，共同商讨。这样，就让孩子觉得自己在家里有地位，受重视,所以也就对家庭更加关心。

如果中国的父母也都能这样运用对等手段与孩子相处,也许就不会有那么多家庭问题了。

亲子之间不应是统治与被统治的关系,而应像朋友一样平等、自由。当然,这并不意味着家长要完全迁就孩子,家长还是要负起引导教育孩子的责任。

给孩子自主选择的权利

生活中,许多父母总是喜欢以自己的意愿来为孩子做选择:让孩子学钢琴,让孩子学舞蹈,让孩子学理工科,让孩子考大学……几乎很少有家长会询问孩子的意愿,尊重孩子的兴趣和理想,因此亲子之间常出现矛盾。父母抱怨孩子不理解自己的苦心,孩子指责父母干涉自己的自由,于是关系越闹越僵。

父母带着女儿到餐厅用餐,服务生先问母亲点什么,接着问父亲点什么,之后问坐在一边的小女儿:"小姑娘,你要点儿什么呢?"女孩说:"我想要水果沙拉。"

尊重孩子的父母是最受欢迎的父母"不可以,今天你要吃三明治。"妈妈非常坚决地说,"再给她一点生菜。"女孩的父亲补充说。

服务生并没有理会父母的话,仍旧注视着女孩问:"亲爱的,你都喜欢什么水果呢?"

"哦，西红柿、苹果，还有……"她停下来怯怯地看一眼父母，服务生一直微笑着耐心等着她。女孩在服务生的目光鼓励下说："还有多放一点沙拉酱。"

服务生径直走进厨房，留下目瞪口呆的父母。

这顿饭小女孩吃得很开心，回家的路上，她还在不停地说啊笑啊，最后，她走近爸爸妈妈，开心地说："你们知道吗？原来我也能够受到他的重视。"

可以想象，这个服务生给女孩带来了平等和尊重，更给女孩的父母上了意义深远的一课。那就是，孩子有自己的兴趣爱好，孩子的选择同样需要被尊重。

有一位父亲，他是一个普普通通的工人，他一直希望能把自己的女儿培养成才。有一次，一个客人在看到他的女儿时，顺嘴夸了一句："这个孩子手指修长，一看就是块弹钢琴的料。"这位父亲动心了，他决定将女儿培养成钢琴家。第二天，他就去银行提出了所有存款买了一架昂贵的钢琴，又请了老师来教女儿。可是那个6岁的小姑娘根本就不喜欢弹钢琴，她希望能和小伙伴一起参加舞蹈班，可父亲却不愿意尊重她的选择，一定要她练钢琴。每次，小女孩都是哭着坐到琴凳上。有一次她妈妈劝她爸爸说："既然她不喜欢，就别逼她了！"可小女孩的爸爸却气呼呼地说："不行，她懂什么？我说了算！"一天，爸爸出去了，留小女孩一个人在家练钢琴，小女孩由于气愤，拿起一瓶胶水把琴键给粘上了。做完了之后，她突然觉得很害怕，爸爸一定不会放过她的。于是6岁的小女孩收拾了个小包决定离家出走，就在一条繁华的马路上，她被一辆汽车撞倒，双腿粉碎性骨折，她永远也不能再站起来了。

这个故事给我们的教训是：强制孩子是没有意义的，家长必须学会尊重孩子的选择，尊重孩子的兴趣理想，望子成龙、望女成凤当然没有错，可是家长不能利用自己的身份压制孩子，说到底，人生毕竟是孩子自己的。

我们应该把孩子看作家庭成员中平等的一员，让孩子大胆发表自己的意见，鼓励孩子大胆参与家庭事务，大胆发表自己的意见，允许孩子在有关自己的问题上持有保留、修改、完善自己意见的权利。

我们应该给予孩子一定的、可供自由支配的时间和空间，不要轻易干涉他们的正常行为，不要试图去窥探他们的隐私。

我们应该尊重孩子的选择：不要强行对孩子进行知识和技能的灌输；不要不考虑孩子的天赋及兴趣，按照自己的想法进行塑造；不要不考虑孩子的承受能力而进行超龄负载；不要不考虑孩子智力发展的规律性和阶段性，夸大目标进行施教；不要不尊重孩子的意愿，擅自为孩子做出种种选择和安排。如，在为孩子购买玩具、衣物和生活用品时，应该尽量征求他们的意见；又如在参加课外兴趣活动时，应尽量尊重孩子的选择；再如高中阶段选择文理科时，亦应尽量给予孩子自主选择的权利。

当然，对于孩子的选择，家长如果发现有不妥之处，可以而且应该为孩子提供一些参考意见。但绝不可以滥用自己的权威，强迫孩子做他们不愿做的事。哪怕是好事，父母的要求是正确的，也只能耐心地开导，绝不能一意孤行，不能强迫、蛮干。

只有尊重孩子的选择，让孩子走一条自己喜欢的路，孩子才会愿意为之而奋斗，凡事都迎难而上，也只有这样，孩子才会真正取得成就。

放手让孩子编织人生之梦

顺应孩子的能力及兴趣，给予适当的引导和关照，使孩子身心健康，能掌握成功的机会，也懂得忍受挫折，孩子便能正常地成长——这才是父母所应扮好的角色。不要天天忙着工作、应酬，不清楚孩子真正的兴趣和志向所在，却要求孩子要如何如何，等孩子达不到自己的期望时，不仅孩子觉得难过，自己也会感到受挫而失望。

有位教师讲了这样一段经历：我大学毕业的时候曾经在一所某所私立中学实习。那里面的学生大多数是来自相当富裕、父母又忙于做生意没有时间管孩子的家庭。坦率地说，这些孩子虽然个个活泼健康、聪明伶俐，但是都属于"有点问题"的那一类，贪玩儿、任性，在来这个学校之前学习成绩比较差，少数已经受到不良影视节目的影响，满脑袋尽是江湖这一类的东西，有的甚至管我这种年轻的老师叫"老大"。

当时，校长交给我的一个任务就是和学生探讨认真学习的重要性。

这时碰到一个贪玩儿但是爱动脑筋的学生，质问我的口气还真有点苏格拉底的风格。

以下是我们当时的对白：

"你应该认真学习。"

"为什么要学习？"

"认真学习才能考上大学呀。"

"为什么要考大学？"

"因为上大学才能找到工作。"

"为什么要找工作？"

"有工作才能有合法的收入，才能有钱支持自己独立生活呀。"

"我爸爸有的是钱。"

我当时一时语塞，真的没有理由说服这个养尊处优的男孩。

其实，这个大男孩道出的何尝不是事实呢？对于这样衣食不愁的孩子来说，人生如果没有更大的理想与追求，挑灯夜读对他们是一件莫名其妙的事情。现在经常也有父母向我们诉苦："我的孩子，条件这么好，就是不好好地学习，整天无所事事。"

我们的答案是这样的：让孩子自己为自己编织一个梦！一个更高、更远、更美丽的人生之梦！这样他才会有学习、奋斗的动力。但是现在的许多父母依然把自己少年时代的理想压在孩子的肩上。

其实，青少年时期是一个开始认识自己的时期，青少年们常会问："我将来能做什么？"这一点他们不能确定，可是他们能够确定自己不愿意做的是什么。他们害怕自己将来是个忙忙碌碌的人，他们变成不听话和反抗父母的孩子，只是为了亲自体验一下他们的自主能力。他们并不是故意想要反抗父母，他们的内心也是非常矛盾的。

他们的痛苦也是多方面的，有肉体的、精神上的刺激，不满现状和害羞的苦恼等。要使青春期的少男少女凡事都能称心如意，是件不可能的事。他控制不住自己，可以说是心不由己地闯下了祸事。

随着孩子年龄的增长，父母可以逐步地提高对孩子的期望值，并且允许孩子自己做更多的事情。在一段特定的时间之内，父母必须让自己的期望与孩子的能力保持一致，这样的期望可以使孩子感到安全。

很多父母虽然都知道要顺应孩子的能力及兴趣，然而，认知的层次并不等于行为，孩子的能力及兴趣如果是出于父母主观的认定，就谈不上所谓的"顺应"，反而是"操纵"了！最好先让孩子去尝试，再从日常生活中观察、了解孩子的学习情况，而且常跟学校老师联络，偶尔和孩子的同学、朋友聊聊，自然知道孩子大致上的表现，如果能为孩子做心理测验，那就更客观了。

　　父母对于孩子的学历和职业的期望，也应该秉持上述的原则。不要老是执着于完美的期望，强迫孩子去实践。必须多考量孩子的现实条件和个别差异，不要做不当的比较，要接纳事实，修正对孩子的期望，让孩子愉快、充满信心地向前进，否则会造成孩子心理上很大的困扰，甚至不幸地酿成悲剧。

你若是自私的根,则必将结出狭隘的果

　　诚然,人是自私的,但为人父母的我们可曾想过,当你一次次地将自私行为表现出来时,有一双小小的眼睛正疑惑地看着你的表演?家长的种种自私表现,都会在潜移默化中对孩子造成极大的影响,让孩子的心越发地狭窄起来。换言之,你若是那自私的根,孩子则必将结出狭隘的果。

自私自利的性格会影响孩子的未来

　　有个叫千帆的男孩，爸爸在石油矿区工作，常年不在家，妈妈历经各种艰辛把他拉扯到15岁。突然有一天，妈妈犯了肠炎，一整天滴水未进，只盼孩子放学回家烧水做饭。可是孩子还没有到家，就在电话里对妈妈大吼大叫："你病了不能做饭还让我回家干嘛？我也不会做饭！我去附近餐馆吃点，到时给你打包一份就行啦。可能会晚一点！我和同学约好了要去打球，挂了吧！"15岁的孩子，按理说应该懂事了，可是他却连一句问候的话也没有，更别说关心体贴，简直让人心寒。母亲躺在床上，想想自己对孩子无微不至的照顾，但却得不到孩子相应的回报，这是为什么？

　　千帆之所以形成这样自私的个性，很大的原因是家庭的影响。尹千帆在家里是独子，家人对他十分的宠爱，只要是他喜欢的，妈妈总是尽一切能力去满足。

　　有一次，妈妈来幼儿园接千帆，当时，没被接走的小朋友都在玩玩具。千帆走过去二话不说，就直接抢了起来，边说抢还边说："这是我喜欢的玩具，你们不能玩！"其他的小朋友不愿意了，立刻联合起来抵抗尹千帆……而这一幕恰好被尹千帆的妈妈看见了，只见她径直冲到几个小朋友面前护住千帆抢去的玩具，并说："给我家宝贝先玩，你们等下再玩。"一旁的千帆看在眼里，记在心上，无形之中给他带来了不好的影响，这样，久而久之就造成他自私自利的心理。

你若是自私的根，则必将结出狭隘的果

那么现在不妨回忆一下，你的孩子是否出现过以下情况：妈妈不小心摔倒，孩子不问妈妈是否摔疼了，仍旧自顾自地玩自己的游戏；小伙伴摔倒了、哭了，是否一脸的漠然；与小朋友们争抢玩具，不抢过来誓不罢休；总是恶狠狠地拉拽宠物的毛发……

自私，令孩子过分地关心自己，只注意自己的欢乐和幸福，很少考虑他人，一切以满足自己为主。孩子自私自利，往往表现在只顾自己，不管他人，一切以自我为中心，正所谓："各人自扫门前雪，哪管他人瓦上霜"。或者在金钱和财物上吝啬贪婪，自己的东西就不愿与人分享，而别人的东西却是拿得越多越好。这样的孩子常常令人生厌，很难与人交往，因此也就很难获得知心朋友。过分自私自利的孩子，还会在父母有事情的时候，因为自己得不到照顾而对父母发火，使父母伤心流泪。这样的事件在现实生活中确实出现不少。

自私的孩子长大以后，仍会一切都以自己为中心。在现实生活中，因为人与人之间的利益、处境或喜好不尽相同，对同一件事可能有不同的感受，这就需要做出妥协，而心灵一旦被自私全部浸染，就很难向别人妥协，从而引发他人对你的不满，如此一来，没有了和谐的人际关系，孩子的人生道路只能越走越窄。

自私的孩子，其行为对谁都有弊无利，父母应予以重视，及早预防。

父母对孩子应该加以积极正确地教育和引导，使孩子树立正确的物质观念。让孩子学会与朋友分享一些东西，尝试一下"给予"、"付出"所带来的快乐。平时，父母要适当地训练孩子热爱劳动的好习惯，不要让孩子有"事事都依赖父母"的思想。要训练孩子学会关心他人，体谅父母的辛苦，帮助父母做一些力所能及的事情，例如帮父母洗碗、扫地、擦桌椅等。在孩子吃东西方面，还要告诉孩子一定要把食物分成三份，一份留给爸爸，一份留给妈妈，一份给自己吃，不要一个人独自享用。如果家里还有爷爷奶奶和外公外婆，那么，要把好吃的东西分成同等的几份，让每人都有一份。家里有客人来了，父母更要让孩子学会用食品等来招待客人。吃饭的时候，不要只顾吃自己爱吃的东西，把自己喜欢的东西放到面前，并挑来拣去。别的孩子来玩，要鼓励孩子把自己的玩具拿出来一起玩，把自己喜爱吃的东西也分一些给别的小朋友，大家一起分享。

父母还可以利用"演戏"的方法来克服孩子自私自利的情况。这种方法就是通过孩子与父母亲之间扮演的不同角色，使孩子认识到人与人之间的关系应该是怎么样的。通过这些游戏，孩子首先会意识到经常接近的成人和自己的关系，如爸爸妈妈怎样爱护自己，然后意识到有关系的人们之间的关系，如老师怎样爱护和教育小朋友、司机怎样有礼貌地对待乘客、医生怎样关心爱护病人等等。孩子通过体会他人的感受，就会从"以自己为中心"，转变到从他人的角度来考虑问题，从而学会为他人着想。

除此之外，父母还可以在日常生活中有意识地安排一些情境，直接教会孩子应该怎样付出爱和关心别人，当将来父母亲出现有病等"情况"时，孩子就会懂得怎样去做。这样，不但有助于训练孩子克服自私自利的不良性格，还可以培养孩子为他人着想和独立处理问题的能力。

孩子的自私有多少是我们亲自灌输的

当孩子渐渐长大，不少父母发现孩子越发自私起来，于是他们开始抱怨，抱怨孩子不懂得体谅父母，抱怨他们遇到问题只会埋怨父母，

你若是自私的根，则必将结出狭隘的果

从不愿承认自己的错误和担负责任。可是爸爸妈妈们，我们在抱怨孩子自私的同时，可曾想过自己在日常生活中又是怎样做的？

雪儿，一个聪明漂亮的小女孩，可是却自私得要命，从来不肯与任何人分享她的东西。有一次，同桌在课间休息时拿她的MP3听了一会儿，她竟然怒不可遏地将同桌的课本扔了一地。

雪儿为什么会这样？其实，雪儿的自私行为完全可以从她妈妈的行为中找到根源。

雪儿的妈妈来自一个知识分子家庭，父母因为工作繁忙，很少去照顾她，尤其是雪儿姥姥，为了自己的发展，几乎月月都要出差，雪儿妈妈一年也见不到自己的母亲几次。这一家人，可以说都是在个人顾个人。

因为从小就养成了只顾自己的行为习惯，雪儿妈妈结婚以后也没能改变。她和丈夫有着界限分明的空间，她的书房别人不可以随便进，她的东西别人不可以随便碰，因为那些都是她的，只属于她的。她经常在钱上跟丈夫斤斤计较，尽管他们的收入挺高，但雪儿妈妈经常因为丈夫给婆婆一点儿生活费而发脾气，事实上，即便是跟自己的亲生父母，雪儿妈妈也是如此计较。但是，雪儿妈妈在给自己买东西时却毫不吝啬，昂贵的化妆品、名牌时装说买就买。雪儿爸爸开始很不习惯妻子的做法，两人为此吵过很多次，最后，雪儿爸爸发现妻子的自私已然根深蒂固，也只好对她做出了妥协。

雪儿妈妈还把这种思想传递给了女儿。有几次，雪儿把自己的课外读物借给了小伙伴们，结果雪儿妈妈每每知道以后都要训斥一番。雪儿妈妈认为，雪儿的同学都有爸爸妈妈，他们想看课外读物，应该让自己的父母买，而不应该借雪儿的，这是在占雪儿的便宜。在被妈妈骂了几次以后，雪儿也变得特别小气，她的东西谁也不借了。

后来，雪儿越来越像妈妈了，她的房间别人不能轻易进，就算爸爸妈妈想进也要得到她的允许，而且她的东西一律不许别人碰，谁动了她就跟谁急，包括爸妈。

在学校，雪儿很不受同学的欢迎，同学们都认为她既自私又小气，不愿和任何人分享。对于这种评价，雪儿既伤心又困惑，伤心的是，她得不到别人轻易就能得到的友谊；困惑的是，妈妈就是这样做的，她不知道这样做错在了哪儿。

其实，没有哪一个孩子的天性是不好的。正如著名教育专家王东华先生所说："没有教不好的孩子，只有不会教的家长。"每一个孩子的身上，都有父母为其打下的烙印。很多时候，我们与其说是在教育孩子，不如说是在"污染"孩子纯真的心灵。当这种"污染"达到一定程度时，我们又反过来说孩子自私，说他们以自我为中心。面对不断成长的孩子，我们有必要扪心自问，孩子的自私有多少是我们亲自灌输给他的？其实教子做人，首先是要赋予他一颗仁爱之心。

科林·卢瑟·鲍威尔生于纽约，父母是牙买加移民。鲍威尔从小聪明好学，意志坚强，并且乐于帮助别人。他当过里根总统的国家安全顾问，曾经被布什总统任命为参谋长联席会议主席，成为美国历史上第一位担任该职的黑人，也是最年轻的参谋长联席会议主席。2001年1月，他出任小布什政府的国务卿，成为美国历史上第一位担任该职的黑人。

鲍威尔上初中的时候，就开始关注研究街头流浪者无家可归的问题。

有一次，在从学校回家的路上，他遇到一个流浪汉。鲍威尔就停下来问那个流浪汉需要什么东西。

"我需要一个家、一份工作。"无家可归的人感叹道。小鲍威尔为难了，自己还是个小孩子，怎么才能帮他呢？家和工作，自己都不能给他呀。于是，小鲍威尔接着问："你还要什么其他的东西吗？"

无家可归的人很无奈地笑了一下，带着满脸的憧憬说："我真想能够吃一顿饱饭呀。"

鲍威尔很想立刻答应他，可是心里面还是有点担心，父母是否会同意自己的做法。鲍威尔对流浪汉说："你可以等我一下吗？我回去征求一下家人的意见，你一定要等着我！"男孩飞跑回家了。

鲍威尔回到家，把事情告诉了爸爸，希望得到他的支持，父亲听罢孩子的所说，欣慰地笑了："好孩子，这是一件非常好的事情，爸爸绝对支持你。孩子，你要记住，我们每一个人都应该关心他人。仁爱是人类最光辉灿烂的品格。"

鲍威尔高兴地点点头，并把父亲的这句话深深地印在了脑海中。

接下来的三天里，鲍威尔在爸爸妈妈和两个姐姐的帮助下，作计划、采购，做了一百多份的饭，送到他们家附近的一个流浪者的收容所。

在以后的一年时间里，几乎每个周五的晚上，鲍威尔全家都要给收容所送饭。后来，鲍威尔的活动得到了全班同学还有他们的社区的理解和支持，活动不断地扩大了。

鲍威尔在一篇文章中这样写道：我们每个人都应该关心他人，仁爱是人类最光辉灿烂的品格……这是父亲对我说的话语，它影响了我的一生！

自私自利是仁爱之心的大敌。但它根源于父母的自私和溺爱。大海靠一滴滴水汇集而成，爱的殿堂靠一沙一石来构建。从小给予孩子同情和怜悯的情感，是在他身上培植善良之心。比如，公共汽车上，父母对孩子说："你看，那个阿姨抱着小弟弟多累呀，我们让他们坐到这里来吧。"邻居阿婆年老生病，父母带着孩子去探望问候，帮阿婆做事……经常让孩子看到大人是怎么同情、关心、帮助人的，对于培养孩子的善良品质是最好不过的了。

随着孩子的长大，还要逐步扩大教育内容，教育孩子热爱故乡、热爱祖国、热爱科学、热爱劳动、热爱事业、热爱人生……

一点一滴的培养，一言一行的引导，仁慈博大的爱心、人道主义的精神，就会在孩子心头扎下根，就会随着孩子的成长而不断扩展和升腾。

著名教育家苏霍姆林斯基说过："爱的教育应是整个教育的主旋律。"希望父母从自我做起，从小事做起，培养孩子的爱心，让爱在孩子的心灵生根发芽，让爱充满这个美丽的世界。

那么，如何培养孩子的爱心呢？

要落实在平时的点滴行动中。引导孩子观察他人的表情，理解别人苦恼悲伤的缘由，努力想出办法来减轻别人的痛苦、烦恼，从而使大家快乐。

培养爱心，最需要的是情感的熏陶和榜样的示范。读一些报刊上青少年为父母分忧、立志再艰苦也要完成学业的真人真事，特别要以父母本人爱岗敬业、关怀长辈和他人的行为去感染子女，让孩子汲取丰富的精神营养。让孩子从小懂得：向别人奉献爱心、付出关心就可以带来欢欣和快慰。

远离自私，从亲情教育开始

冬冬爸爸着凉感冒已有几天了，本来也没怎么放在心上，但是在今天晚上在吃饭的时候，冬冬突然问爸爸的病有没有好点，吃完饭还主动给爸爸倒水，这让爸爸意外并且欣慰不已，他觉得冬冬真的长大了，爸爸越来越觉得他更像一个小小男子汉了。就在去年的时候，冬冬还在家里耍横跟奶奶抢电视频道看，而今年暑假的时候奶奶从老家回来，他已经懂得主动跑出去扶奶奶下车了。这些细微的成长痕迹冬冬爸爸看在眼里，乐在心里。看到冬冬越来越懂事，冬冬爸真心觉得，之前在他教育上的努力没有白费，他正沿着正确的轨道一天天在前行、成长，这是冬冬爸最值得骄傲的事情。

常言道："人之初，性本善。"一个人刚生出来就好比一张白纸，若在这张纸上精心设计和细微地描绘，最后也许是一幅经典作品。所以说孩子的早期教育是非常关键的，只要用恰当的教育理念施教，对他的一生是莫大的影响。家长应该在孩子小的时候就开始重视亲情方面的教育，因为一个孩子完整健康的人格跟家庭和亲情的完整是分不开的，一个夫妻恩爱、父慈子孝的家庭走出来的孩子必然也会重感情、尊重家人和长辈，而那些报纸电视上曝出的兄弟反目、儿子抛弃老人的事例中，亲情教育上的缺失必然是存在的。

比如，一个家庭中，父母的一言一行总在潜移默化中不知不觉地影响着子女的心灵，诸如尊敬长辈、与人为善，等等。如今，望子成龙、望女成凤已成为一种普遍的社会现象，在子女的学习与生活上，做家长的可以倾其所有的精力与财力，为了提高孩子的学习成绩，可以花钱请最好的家教，孩子在读书与生活上所需的一切花费，再多再滥也在所不惜。总而言之，一切的中心都是"孩子"这两个字，一切的忙碌都是围绕孩子在转。这种做法确实也可以理解，因为现今的社会毕竟是一个充满竞争的社会，任何一个家长都会担心孩子跟不上竞争的节奏而为社会所抛弃。然而，如果由此而造成孩子唯我独尊的话，那就得不偿失了，一些基本的亲情教育还是不能够忽视的。

冬冬爸爸在家里一贯的做法是：从小就教育冬冬尊敬爷爷奶奶和

外公外婆，并通过自己的实际行动，让冬冬在潜移默化中受到教育。比如，他们夫妻都很尊敬自己的父母和80多岁的奶奶。在日常生活中，他们不但时时关心长辈的生活起居，更关心他们的健康问题。人到老年，总是或多或少患有一些疾病，一旦长辈身体不适，爸爸总是会带着冬冬及时去探望他们。他是希望在对长辈付出关爱的过程中，让冬冬也在不知不觉中懂得：如果没有长辈当初的努力与付出，也就没有我们的今天。无论如何，也应该尽我们的所能，去照顾关爱我们的长辈。

冬冬今年11岁，逢年过节或双休日，爸爸带他去看望爷爷奶奶的时候，他都会拿出自己最喜爱的东西，并且会跟一个小大人似的问："您身体好吗？"而且那种亲热劲儿完全发自内心，甚至已经完全超过了对父母的亲近，对此冬冬爸欣慰不已。

平时，如果邻居中有人生病了，冬冬爸也会加以关心，为他们留意一些健康知识，有时还会直接陪他们去医院看病。除此，有时候自家的物品，吃的也好，用的也罢，一时自己用不完，爸爸就会带着冬冬拿一些去跟邻居分享。爸爸这样做的目的只有一个，让冬冬明白：社会的竞争虽然是无情的，但人与人之间更应讲究一个"情"字。

孟子说过："幼而知爱其亲，长而知敬其兄。"一个人如果小时候缺少家庭伦理教育与亲情教育，长大成人后，有很大可能会成为情感冷漠、道德观念淡薄的人。所以家长应该在孩子小的时候就开展亲情教育，让孩子在享受父母之爱的同时学习以爱回报父母，懂得孝敬父母、体谅父母、关心父母、照料父母，进而形成敬重老人、友爱他人的好品质。

1. 要根据亲情教育的情感性特点，多跟孩子沟通

家庭亲情教育一定要给孩子创造更多交流沟通的机会。亲情可以说是一切情感的基石。父母与孩子之间的本原情感联系是天生的，对

于孩子的融合性、自然性和感召力也是无与伦比的，作为父母，与孩子多交流、沟通，养成仁爱之心对孩子的情感发展有利，也对健康心理的形成有利，从而促使孩子形成重视亲情的观念。

2. 对孩子的亲情教育要求家长以身作则，身教重于言传

记得在电视上看过一个令人感动的公益广告，一个小男孩看到妈妈为老人洗脚的情景，马上模仿，摇摇晃晃地为妈妈打来了洗脚水。这个广告形象地表明了父母在生活中其实是幼儿的镜子，幼儿是父母的影子。正所谓"其身正，不令而行；其身不正，虽令不从"。身教重于言教，作为家长的一言一行，都会潜移默化地影响和感染孩子。

不要给孩子特殊的地位

现在的孩子大都会存在这样的情况，那就是一切以自我为中心，无论是父母、老师还是同龄人，都要围绕着自己转，平时说话喜欢说"我怎么怎么样……"。也就是说，无论什么事情，都用"我"为主语。这样的孩子，父母如果不善加教育和引导，等孩子长大后，就会形成唯我独尊的性格。

一些父母为孩子太"独"而发愁，他们只想着自己，不管他人。这样的性格在父母面前也许没问题，可到了学校，到了社会，他们怎么能够与人和谐地相处呢！孩子以自我为中心的习惯确实是个问题，如果放任不管的话，必然会影响到孩子未来的发展。因此父母应当采取措施，坚决纠正孩子的自我中心习惯。

月月是家里唯一的孩子,当然是深受爸爸妈妈的宠爱。从小时候起,家里所有的人都会不约而同地把好吃的、好玩的留给月月,月月逐渐地变得很"独"。有一次,爸爸下班晚了,实在太饿了,进家坐下后,顺手拿起月月的威化饼干就吃起来了。因为,这些饼干已经买回来好久了,月月根本不喜欢吃。然而,月月看到后却立刻发起了脾气,让爸爸把饼干还给他,甚至伸手要跟爸爸去抢,尽管爸爸一再表示第二天一定给他买来更多的,但还是不能说服月月,他不仅哭闹,而且还躺在地上打滚,不依不饶的。最后,还是爸爸说带他去吃肯德基,才阻止了月月的哭闹。

月月的玩具更是丝毫不让别人碰,幼儿园的小朋友刚刚来家里玩儿,看见月月的天线宝宝非常好玩,便忍不住用手去摸摸,并且对月月说:"你的天线宝宝好神气呀!"说话的过程中,刚刚的眼神中流露着对那个天线宝宝的喜爱,他是多么希望能玩一会儿啊!可是月月却很小气地将天线宝宝藏起来了,并且对刚刚说:"这个是我爸爸买来让我玩的,你回家让你爸爸给你买呀!"

生活中,像这样的孩子并不少见,他们凡事都以自我为中心,不关心别人,甚至连自己的父母也不关心。遇到这种情况时,父母们一定要注意了,千万不能放纵孩子的这种心理,否则孩子就会成为一个彻底的自私自利的人,这样的孩子即使再聪明也没有用,因为一个人不可能独立地在社会上生存,他必须要和人合作,而这样的孩子走到哪里也是不会受欢迎的。

那么父母们到底应该怎么做呢?

首先,父母们不要给孩子特殊的地位,应该让孩子知道自己在家庭中与其他成员是平等的,对孩子任性的、不合理的要求,要坚决拒绝,以消除孩子"以自我为中心"的意识。父母可以通过各种方式使孩子懂得世界上的一切事物都需要分担、共享,并使其懂得应该经常关心他人，而不能让孩子以自我为中心的心理任意发展。同时，教育孩子懂得"共享为乐、独享为耻"的道理，帮助孩子建立群体意识，这样可以使孩子以自我为中心的行为逐渐减少。

其次，父母不应给孩子太多的关注。有位母亲非常疼爱她的孩子，她把自己的全部注意力都放在孩子身上，"宝宝不要乱跑！""宝宝，你没摔伤吧？""宝宝，妈妈帮你把扣子扣好！"……结果这个孩子越来越任性，越来越难管。

教育学家认为，如果孩子从小在家庭中处于中心地位，父母给予太多的关注，那么这个孩子在长大以后并不能意识到自己已经是大人了，而依然会对父母表现出很强的依赖性。只考虑自己的存在，而不考虑他人的存在，只对自己有利的事感兴趣，而对其他事根本不去关心，所以当父母遇到孩子独占、抢夺别人的东西的时候，应当反省一下自己的教育方法，给孩子太多关注是不必要的，父母应当尽量让孩子感觉自己与其他家庭成员一样都是平等的。

在日常生活中，父母应有意为孩子制造与同伴交往的机会，教育孩子要学会分享，比如当孩子吃东西的时候，教给他要分给别的小朋友；当他有了好玩的玩具时，教给他和其他小朋友一起玩才会有趣。爸爸妈妈最好引导孩子和比他大的孩子在一起玩，这样较大的孩子不仅可以适当带领、照顾他，而且可以培养孩子与伙伴友好合作的意识，教育孩子要虚心学习伙伴的长处，尊重别人的意见，珍惜与小伙伴之间的友谊，不把自己的想法强加于人，可以制止他的某些"以自我中心"的行为。父母帮助孩子从狭隘的圈子中跳出来，引导孩子设身处地地替他人着想，以求理解他人，并教给孩子尊重、关心、帮助他人。

如果父母不在家庭中给孩子特殊的地位，那么孩子就不会事事以自我为中心了，因此要纠正孩子的这种不良心理，父母还要从自身做起。

爱太过就成了害

娇娇是个聪明漂亮的女孩。她的爸爸是一家大公司的经理，妈妈在一家医院里当医生，家庭条件比较优越。在家里，她是爸爸妈妈的掌上明珠，要什么有什么；在学校里，她成绩优秀，是老师宠爱的"尖子生"。

良好的家庭环境，父母的疼爱，老师和同学们的赞誉，使娇娇产生了一种飘飘然的感觉，娇娇的爸爸妈妈也经常在别人面前夸奖自己的女儿，为有这样一个聪明美丽的女儿而自豪。所有的这一些都助长了娇娇的自满和自傲的情绪。

渐渐地，娇娇变了。在家里，她只要稍稍不顺心就对爸爸妈妈发脾气；在学校里，更爱表现和炫耀自己，和同学们相处，事事都要拔尖儿，认为所有的好东西、好机会都是应该属于自己的。这样的一个女孩，大家当然都不会喜欢，于是同学们开始疏远她，娇娇一个好朋友也没有了，课间大家玩游戏的时间，只有娇娇一个人远远地站在一边看着。

父母本来是要爱孩子的，但因此培养出她自私自利的性格后，就是害了孩子。那些凡事以孩子为中心的父母，此时可要警醒了。聪明活泼的孩子谁都喜欢，可是我们也要经常问一问自己：孩子是不是有点"以自我为中心"？"她会设身处地的替别人着想吗"？如果答案不那么令人满意，我们就有必要调整自己的教养方式了。

在孩子身上投注了过多的关爱，会使她们逐渐形成一种错误的认识：我很可爱，我很了不起，大家爱我、关注我是天经地义的。

现在的孩子，多是在父母的娇宠中长大的。有时候，甚至是爷爷奶奶、姥爷姥姥、爸爸妈妈几个大人围着一个孩子转。这种做法，将对孩子的心理和性格发展产生什么样的影响呢？

其实，孩子就像一棵小树苗，家人给予他们的爱，就像是他们生长的养分。营养不良，小树苗固然生长不好，而营养过剩，小树苗吸收消化不了，营养反而就成了一种负担。这种问题对于女孩子尤其严重，因为女孩大都心思敏感，较注意人与人之间的相互关系，太多的爱，会导致她们自己也跟着娇宠自己，想问题和做事情常常会以自己为中心，因而容易形成任性、自私的个性。

事实上，许多父母也知道溺爱孩子有害，但却分不清什么是真爱，什么是溺爱。下面是溺爱的几种主要表现形式，父母一定要谨慎对待。

1. 特殊待遇

孩子在家庭中的地位高人一等，处处特殊照顾，如孩子爱吃的东西放在她面前只让她一个人吃，爷爷奶奶可以不过生日，孩子过生日得买大蛋糕，送礼物……这样的孩子自感特殊，习惯于高人一等，必然变得自私，没有同情心，不会关心他人。

2. 过分注意

一家人时刻关照她，陪伴她，亲戚朋友来了围着孩子都逗着她玩，一再欢迎孩子表演节目，掌声不断；家里人都围着她转，并且一天到晚不得安宁，甚至客人来了闹得没法谈话。

3. 轻易满足

孩子要什么就给什么，孩子的满足得来得非常轻易。这种孩子必然会养成不珍惜物品、讲究物质享受、浪费金钱和不体贴他人的坏习惯，并且毫无忍耐和吃苦精神。

4. 害怕哭闹

由于从小迁就孩子,孩子在不顺心时以哭闹、不吃饭来要挟父母,父母就只好哄骗、投降、依从、迁就。害怕孩子哭闹的父母是无能的父母,这会在孩子性格中播下了自私、无情、任性和缺乏自制力的种子。

5. 当面袒护

有时爸爸管孩子,妈妈护着,有时父母教孩子,奶奶会站出来说话,这样的孩子会全无是非观念,因为她觉得自己时时有"保护伞"和"避难所",这不仅会使孩子性格扭曲,而且始终无法学会如何面对错误。

父母毫无原则地娇惯孩子,可以表现为很多方式,而我们以上所列举的几条,都属于在孩子身上投注了过多的关爱,而使他们逐渐形成一种错误的认识:我很可爱,我很了不起,大家爱我、关注我是天经地义的。

孩子是自私自利还是热情大度,和父母的教育方式密切相关。父母的教育方式正确,孩子就会懂得分享、合作,与人友好相处;父母的教育方式不正确,孩子就会渐渐地凡事都以自我为中心、自私自利、斤斤计较,表现出不合群的倾向。

教孩子学会分享

在生活中,许多孩子都不愿与其他人分享自己的东西。例如:有些孩子不喜欢别人分享他的玩具;有些孩子总是把大的、好的抢到自己的手里；有些孩子在吃饭时总是把自己喜欢吃的菜移到自己的前面。与人分享其实是一件很美好的事！在分享的过程中，如果别人有与自己类似的感受，那种喜悦、那种共鸣，实在足以让人快慰许久。分享最重要的，是那份心意，是那份企盼，是那份热情！

只不过，很多父母出于种种原因，经常向孩子灌输"不要把你的东西借给别人"的错误观点，因而使孩子形成了自私的性格。还有一些独生子女的家庭，做什么事情总以孩子为中心，忽视了对孩子进行共享教育，结果导致孩子在与同龄人相处时感到困难，难以融入集体和社会。在这样的孩子眼中，自己拥有的东西只属于自己，不能与人分享。

晓风在学校里面没有什么朋友，因为没有一个人喜欢和"铁公鸡"交朋友的，晓风就是大家口中的"铁公鸡"。同学们都说他是个自私、小气的人，有什么东西从来不借给别人，就连上课做的课堂笔记都不会随便借给同学看。因此大家都不喜欢和晓风打交道，所以，晓风没有朋友也就不足为怪了。

晓风的抠门并不是天生的，完全是受妈妈的影响。晓风小的时候，妈妈害怕别的孩子把晓风的玩具弄坏，所以常常嘱咐孩子："不要把你的东西借给别人，知道吗？"就这样，晓风把妈妈教的这个"好习惯"保留了下来。

那天，几年不见的叔叔从老家来看望晓风一家。因为爸爸上班还没有回来，妈妈正在厨房做饭没有时间陪叔叔，叔叔一个人在家里挺无聊的，所以就在晓风的电脑上玩游戏。晓风回来看到叔叔在占用自己的电脑，立刻跑过去，对叔叔说："不要碰我的东西。"叔叔被孩子这么一说，感到很困窘，不知道说什么好，闻声赶到的妈妈也感到特别尴尬。

其实，当我们乐意和他人分享我们所拥有的东西时，不但不会有损失，反而会产生更大的喜悦和满足。现实生活中，小气的孩子并不少见。"小气"虽然不是什么大毛病，但如果是一个什么都不愿与他人分享，独占意识很强的人，是很难与他人形成良好的人际关系的。所以，从小培养孩子与他人分享的习惯很重要。为此，父母应该做到下面几点：

1. 不要溺爱孩子

现在条件好了，由于每个家庭中孩子少了，但父母对孩子的溺爱更严重了。很多父母出于对孩子的爱，把好吃的、好玩的全让给孩子，孩子偶尔想与父母分享，父母却在感动之余，常说："我们不吃，你自己吃吧。"长此以往就强化了孩子的独享意识，他们理所当然地把好吃的、好玩的据为己有，导致孩子吃独食，不愿与他人分享。

2. 不能让孩子搞特殊化

父母还要教育孩子既看到自己也要想到别人，知道自己与其他成员是平等的关系。好东西应该大家分享，不能只顾自己不顾别人。自己有愿望，别人也一样有愿望。不要让孩子凡事把自己放到第一位，这样孩子容易自私自利。在家庭生活中要形成一定的"公平"环境，这对防止孩子滋长"独享"意识有积极的意义。

3. 让孩子明白分享不是失去而是互利

孩子之所以不愿与人分享，是因为他觉得，分享就是失去。让孩子明白，分享体现了自己对别人的关心与帮助，自己与别人分享了，别人也会回报自己同样的关心与帮助，这样彼此关心、爱护、体贴，大家都会觉得温暖和快乐。分享其实不是失去，它是一种交流、一种互利。

4. 父母要为孩子树立榜样

一般来说，父母都疼爱自己的孩子，但爱的方法各有不同。父母千万不可对子女百依百顺，要什么给什么，更不要把孩子当成贵宾一样，穿要穿最好的，吃要吃最好的，有好的东西只想到自己。众多家人意见中，以孩子意见为准，大人长者皆在其后，久而久之，孩子成了"小皇帝"，主宰着家庭的一切。这些孩子在家里是这样，到外面自然也习惯如此。

总而言之，不管什么原因导致的孩子的自私，父母都要严肃对待，千万不可对孩子自私的行为纵容与放任。父母要让孩子学会分享，要让孩子明白分享不等于失去自己拥有的东西，告诉孩子体会到和别人分享自己拥有的东西是一件快乐的事情。与人分享能帮助他人，而帮助了他人自己也会得到快乐。父母还要让孩子学会体谅和理解他人，体会共享的快乐。

在生活中，父母还要及时鼓励和强化孩子的共享行为，例如当孩子把书借给同学时，父母要及时给予肯定："把书借给同学看，表明你很大方，这样他会很感谢你的帮助，你同时也感到了快乐"，而且还要尽可能地让孩子重复这样的共享行为。

鼓励孩子上学、放学和同社区的孩子一起走，一起玩，一起做作业，等等。孩子与朋友的关系密切了，他自然会懂得分享的重要和快乐。

让孩子参加一些需要合作的活动。比如足球、排球，还有合唱队、兴趣小组等，这些活动都要多人共同合作。参加这些活动，孩子会在与他人的合作中找到快乐，也会逐渐懂得与人合作、与人共享的重要。

需要提醒的是，爸爸妈妈要根据孩子的心理特点，给孩子成长的时间，永远不要期望孩子在很短的时间内，变成一个又懂事又大方的孩子。他们的表现可能有时让你感到欣慰，有时却不尽如人意。我们在要求孩子将玩具拿出来与小朋友分享之前，一定要使他有足够的时间玩自己的玩具。承认孩子的所有权会使他感到分享是在他控制之下的。

让孩子学会换位思考

有些孩子自我中心意识很强,常常不会为他人着想,也不会考虑他人的感受。那么,当孩子出现这样的情况时,父母应该如何正确地教育呢?

父母应该直接指出孩子的错处,反问他:"那么,我以后也像你对别人一样对你。"让孩子自己思考问题所在。父母要鼓励孩子多与外界交往,在交往中学习宽容、忍让。通过"换位法"引导孩子站在别人的角度去考虑问题,改变只顾自己、无视他人的坏习惯,克服狭隘、自私的思想。让孩子有与他人分享物品的机会,有团结互助的习惯,懂得互惠互利,多为孩子提供结交朋友和接触社会的机会,提高与外界的交往能力,这是避免和改变以自我为中心的行之有效的办法。

不知怎么,晓波越来越以自我为中心了。在学校里和同学一起打篮球的时候,晓波从来都是自己一个人带球,然后自己一个人上篮,不会想着和队友配合。如果别人稍微有一两个球忘记传给他的话,他就会发牢骚:"怎么不把球给我?你们怎么能这样?"同学们都觉得晓波太自以为是了,渐渐地疏远了他。

在家里,要是一家人正在看电视的话,晓波绝对是把遥控器紧紧地握在自己的手里,而且找的节目都是他自己喜欢看的,他心里才不会考虑到爸爸妈妈是否也乐意和他看一样的节目呢。晓波认为只要自己觉得快乐、开心就OK了，他才不会管他人呢！

这天，妈妈和晓波商量一件事。妈妈问道："隔壁小可要过些天要参加英语口语比赛，你可以把你的MP3借给她用几天吗？"

晓波大声地拒绝道："什么？凭什么把我的东西借给别人，那是我的。她参加比赛与我何干？"

妈妈听罢，也故意夸张地回应道："与你何干？那么，我以后也像你对别人一样对你，你觉得如何？"

晓波没有说话，脸"唰"地一下红了。

妈妈意味深长地说道："孩子，每个人都需要他人的帮助，不要只考虑自己的感受。若是只以自我为中心，那么，你会无意中失去很多很多的，好好想想妈妈的话吧。"

晓波惭愧地低下了头……

当然，这个毛病并非一朝一夕就能改掉的。所以，父母平时还要做到不娇惯、不溺爱孩子。在为孩子提供必要的物质条件的同时，还要培养他们艰苦朴素的生活作风，增强劳动观念，克服懒惰、依赖情绪。因为，优越的物质生活不仅容易使人消极、颓废，不思进取，而且容易使人变得贪婪、无休止地追求个人利益，所以培养勤劳、朴实的性格是克服自我中心的关键所在。

父母在和孩子沟通的时候，要跟孩子谈道理，要指出孩子做错的地方，谨记"以身作则"这个育儿要则。

对孩子进行必要的"挫折教育"，使孩子在挫折中锻炼意志，提高自制能力。现在的孩子多半由于缺乏生活磨炼，社会经验不足，加上凡事都喜欢单打独斗，所以，常常是"不撞南墙不回头"。因此，人为制造一些困难和障碍，有利于他们在挫折中提高认知水平和社会适应能力。

让孩子学会谦让

谦让是人类美好的道德品质之一，是人生前行的一张通行证，是幸福微笑的一包催化剂，是和谐相处的充要条件。

某个幼儿园老师决定要奖赏孩子们每人一个苹果。但那些苹果有大有小，要怎样分配才不至于导致争议呢？老师把这个"难题"留给了所有的小朋友。

小朋友们各抒己见，向老师提出了很多分苹果的办法。正当大家争论不休的时候，一个小朋友默默地来到老师面前，把桌上最小的苹果拿走了。

其他小朋友一看，都纷纷拿那些小的苹果，很快苹果就在大家互相谦让中分完了。

拿到苹果的每个孩子都美滋滋的，尤其那些拿到小苹果的孩子，虽然苹果不怎么好，但是心里却很甜。

小朋友们为了能分配好的苹果，开始争论不休，可是当一个小朋友谦让后，小朋友们纷纷效仿，问题便迎刃而解了。可见，谦让是和谐的充要条件。

谦让往往使孩子与人无争，显得胸怀大度；谦让是打开别人心灵的窗口，能帮助孩子赢得友谊。

体育课上,老师发给每个学生一个纸球,让学生们先自己练练,然后再教大家做纸球。大家随即一哄而散,玩得不亦乐乎。

就在这时候,只见两个学生站在操场一角,正在抢一个球。老师感到很诧异,心想不是每个人都有一个球吗,怎么还会抢起球来呢?

老师于是来到两个学生身边,问他们原因。原来他们都嫌另一个球不好,报纸露出一点来了,都认为那只形象好点的球才是自己的。两人都不愿意去拿那只"坏"球,所以才会抢起来。

老师明白了原因,可是那只"坏"球是谁的呢?其实谁都不知道。于是,老师就鼓励其中一个谦让,可是谁都不肯谦让。

就在这尴尬的时候,另外一个学生拿着纸球过来了。他有礼貌地对老师说:"老师,我可以用这个纸球,换那个纸球吗?"

老师微笑地点了点头。当这个学生把他的纸球正要交给那两个学生时,那两个学生恍然明白了什么。

其中的一个说:"谢谢你,我看我还是用这个球好一些。"这个学生捡起那个"坏"球说:"是你让我明白了什么是真正的好球。"

谦让能够融化隔在人和人之间的冰雪,能够使人赢得友谊。所以要培养孩子谦让的品德,因为谦让并不是人生来就有的,而是后天培养出来的。

培养孩子谦让的品格,家长可以参考以下几点:

1. 在集体中培养孩子的谦让意识

培养孩子的谦让意识,让孩子了解集体与个人的关系,把自己从"我"的概念中解脱出来。应该让孩子从小懂得,大家生活在一起,他需要的别人同样也需要,同样有享受的权利,不能一人独占,要想着别人。例如,吃东西时,让孩子学会愉快地把大的、好的给爷爷奶奶、爸爸妈妈,把小的、不好的留给自己,使他懂得谁最辛苦谁就应该得到更多，自己不是家庭中的"功臣"。

2. 家长要注重言传身教

模仿是孩子的天性，家长应该在日常生活中潜移默化地对孩子施以积极的影响。带孩子坐公共汽车时，家长在车上看见年迈的老人和抱小孩子的妇女，便主动起身让座。这虽然是生活中的小事，但在孩子幼小心灵中进一步增强了尊老爱幼和谦让的意识。

3. 用多种方法、途径培养孩子的谦让品行

通过多种方法和途径，使孩子学会"谦让"语言和动作，促进孩子的谦让行为。孩子年龄小，受知识和生活经验的局限，语言发展不成熟，不能完整地表达谦让的意思，他们常常只知道谦让就是好，但是在什么情况下要让又不明白，所以，父母应先讲明为什么要谦让，对什么样的事要谦让，然后通过游戏、行动等来创造条件，帮助孩子学会谦让。

宽容、谦让的人具有宽阔的胸怀，他们往往有自信心，有坚定意志，有远大目标和理想，为人开朗、豁达、礼貌。他们对别人的宽容、忍让出自一种高尚的情操。

你的冷漠，冷却了孩子的心中的热情

　　孩子的心地其实原本是热情、善良的，他们之所以变得冷漠，往往是由于受到一些不良影响，尤其是家长对于社会的冷漠态度，可以说是导致孩子冷漠的原因之一。所谓"身教重于言传"，家长务必要做好孩子的榜样，热情待人，关心他人，富有同情心；平日里和孩子一起观看富有教育意义的书籍和电视剧，在融洽亲子关系的同时，培养孩子热情、善良的品质。冷漠心理失去了滋生的土壤，自然无从萌芽。

放大孩子的心胸

每位父母都希望自己的孩子宽容、大度，因为这样的孩子才容易和别人友好相处。但是生活中，心胸狭窄的孩子却相当普遍；这些孩子都有一种优越感：自己才是最好的，谁也不如我！而一旦发现有人超过了自己，这些孩子便无法忍受，甚至还会想方设法打击对方。因此，家长们一定要努力教育孩子，千万不能让孩子心胸太过狭窄。

欢欢上小学一年级了，爸爸开车把女儿送到学校，他认为自己的女儿聪明、漂亮、机灵，一定会成为班里的佼佼者。果然不出所料，三天后，欢欢放学后兴高采烈地向父母报告："老师让我当班长了！说我学习好、聪明、能力强！全班同学里只有我获得的表扬最多，其他的孩子都不行！"爸爸妈妈也很高兴："就是嘛！谁能比得上欢欢呢！"然而半个学期没过去麻烦就来了，欢欢回家后，总是拉长了脸，向妈妈数落自己的同学不好：薇薇只不过会跑步，大家都捧她，但其实她是笨蛋；露露长得漂亮，有什么了不起的，穿得那么土……而且她还向妈妈抱怨同学都忌妒她，不理她。结果妈妈向老师一问才知道，原来欢欢在班上总是表现得心胸狭窄，如果班上有哪个同学在哪方面超过了她，她就会反应强烈，甚至诽谤人家，因此同学们都疏远她。不仅如此，欢欢也不能接受老师的批评。有一次，老师说她学习好，工作能力强，就是工作方法上存在着一些问题，同学关系有时会出现一点紧张，希望她能稍微改变一下。老师说得很委婉，也很诚恳，但心胸狭窄的欢欢哪里听得进去。为了这件事，欢欢一连几天拉长着脸，也不说话，她觉得太不公平了，老师怎么能这样对她呢？欢欢总因为一些琐碎的小事而生闷气，妈妈看在眼里，急在心里，她越来越为女儿担心，她担心女儿这样的性格将来适应不了社会。

平等对己，平等对人，做个胸怀开阔的人在现代的家庭中，孩子就是一切，爷爷奶奶、爸爸妈妈整天围着一个孩子转，孩子就是"小太阳"，孩子的要求从不会被拒绝。长此以往，孩子就形成了一种错误的认识：我是最好的，谁都不如我。因此当孩子走出家门，面对更广阔的世界时，难以接受别人比自己强的现实。

父母应当明白，心胸狭窄，不但会影响孩子的人际关系，还会影响孩子的身心健康，因此父母应当教育孩子要豁达，让孩子不要总认为"我行，别人不行！"让孩子的心胸变得更开阔。

教育学家认为，孩子心胸狭窄的一个重要原因就是从小和同龄的孩子接触太少，父母处处对孩子忍让，孩子从来不能站在别人的角度考虑问题，完全以自我为中心。因此，父母应多提供机会，让孩子经常与小朋友交往。在交往中学会宽容、体谅他人；提高人际交往能力及社会适应能力，养成良好的性格。

而当孩子在交往中遇到矛盾和纠纷时，父母千万不要偏袒自己的孩子，这样做会让孩子错误地认为自己的地位是特殊的，别人都比不上自己，都要让着自己。那么家长在遇到这种事时，该怎么处理呢？请看下面这个故事。

妈妈正在厨房做饭，突然听到楼下传来儿子欢欢的哭声，她赶忙跑下楼去，只见欢欢正坐在地上哭呢。而常和儿子玩的小朋友天天涨红了脸站在一边，眼泪也快要出来了。欢欢看见妈妈来了，马上扑了过去。"妈妈，天天打我！""是吗？欢欢，你们为什么不高兴啊？"没等天天开口，欢欢立刻抢着说："他看我小，欺负我！妈妈你帮我骂他！"妈妈不高兴了，她把欢欢推开："不许没礼貌！让天天说！"后来妈妈弄清楚了，原来天天用积木盖城堡，欢欢也要抢着玩，天天不让，欢欢一来气就把盖到一半的城堡踢倒了，两人由此打了起来。妈妈严肃地把欢欢叫过来："欢欢，为什么玩什么一定要听你的呢？天天的城堡已经盖了一半了，如果你想玩可以帮他一起盖呀！下次不许你再这样霸道，如果天天也把你盖好的积木推倒，你生不生气呢？"欢欢红着脸，一声不吭了。天天走过来说："阿姨，对不起，我也不该动手打欢欢。欢欢，别生气了，我们一起玩积木吧！"欢欢看了看妈妈，两个孩子开始一起搭城堡了。

这位妈妈把这个小纠纷处理得非常好，她没有不分青红皂白地偏袒自己的孩子，而是一视同仁地处理问题，这样就不会助长孩子以自我为中心的心理。不仅如此，她还借机教育了孩子："为什么玩什么一定要听你的呢？"这样就会引起孩子的反思，渐渐地孩子就会认识到：小朋友之间都是平等的，不能总是自己说了算。这是一个成功的教育案例，也是对平等待人的一次成功运用。

另外，父母们也不妨让孩子体验一下心胸狭窄的害处。父母要让孩子认识到，如果一个人总是心胸狭窄，别人就会讨厌你，或不喜欢和你做朋友，而且做错事时也得不到别人的原谅，会被彻底地孤立起来。这样孩子就会认识到，心胸狭窄是一件不好的事，并慢慢地摆脱这种坏习惯，心胸变得开阔起来。

父母要帮孩子认识到，不能什么事情都得依着自己，父母、别的小朋友和自己都是平等的，你对别人斤斤计较，别人也会对你斤斤计较，而如果你对别人宽宏大量，那么别人也会还你一个宽宏大量。

从小培养孩子"热心"的品性

冷漠的孩子到社会上是很难立足的，他们无法与别人进行良好的合作。因此，父母们必须试着融化孩子的冷漠，让孩子变得热心起来。

那么怎样才能改变孩子待人冷漠的态度呢？请看下面这对父母的成功经验：

我儿子叫宋雨，今年12岁，是家里的独苗、心肝宝贝，今年还被评选为三好学生、十佳少先队员，我们做父母的心里都很高兴。家长会上，老师表扬宋雨说："宋雨学习成绩优异，开朗又活泼，不怕吃苦，更难得的是热心助人，总是主动帮助同学，从不藏私，在班里十分有号召力。"当时，好多父母都问我，怎么把孩子教育得这么出色懂事？还有一位父母跟我诉苦，说他的儿子虽然学习成绩很好，但却待人冷漠，不善于合作，这将来到社会上怎么吃得开呀！其实，他们不知道，我们宋雨以前也是这个样子，但是从他9岁起，我和他妈妈就决心帮他改变这种冷漠态度，怎么做呢？我们试了很多方法，带他去希望工程捐款，给他讲乐于助人的道理、故事……可效果都很差。后来，他妈妈偶然听了一个教育讲座，才学会了一招"赏善计"。小孩子嘛！总是喜欢被奖赏的，我们就按照专家说的，每当他做了一点好事，哪怕是对周围的人有一点热心的表示，我们就立刻抓住机会表扬他、奖励他。我们看得出他表面上虽然有点尴尬，但内心却很得意，渐渐地，他做的好事越来越多了：他扶奶奶去医院，给我送伞，帮助同学学习……要不人家说没有教不好的孩子呢！只要父母用对了方法，再任性的孩子也会变成好孩子！

热心作为一种美德，对一个人的成长发展具有不可忽视的积极影响，一个对人冷漠的人，其实是一个在道德上有缺陷的人，这样的人即使再有才华、再有能力，最终也很难有所作为。因此，我们必须重视从小培养孩子"热心"的品性。

孩子往往缺少判断是非的能力，而父母的反应就成了孩子判断对错的标准，因此"赏善计"就成了教育孩子最简单有效的方法。奖赏孩子热心的行为，孩子做的事得到了肯定和表扬，那么他还会继续这么做。因此，就算你的孩子只是帮了别人一点小忙，或者替别人着想时，你也要告诉他你赞成他的这一举动，希望他这样做，并鼓励他多为别人做善事。让他知道你希望从他的举动中看到善意，表现得友好些。如果孩子对他人不友好，就要让他认识到这样不好，不是好孩子应该做出的举动，并表示你对此的遗憾，相信他下次会做得好一些，而不应当简单地去责骂他。

当然，掌握了这种奇妙的教育方法后，父母们还必须为孩子创造能赞赏他善行的机会。

1. 让孩子设身处地为别人着想

孩子待人冷漠，往往是因为对别人的立场缺少了解，因此，我们可以利用同理心，让孩子设身处地想他人之所想，急他人之所急，乐他人之所乐。例如，可以开展"假如我是……"的角色换位活动，使孩子理解、体验假想角色的内心感受，改变原来的冷漠态度。一位下岗职工的孩子正是通过"假如我是下岗的妈妈……"的角色换位活动，体验到妈妈的烦恼，认识到妈妈的不容易，从此改变了原来的做法，与妈妈的心贴得更近了。

2. 让孩子多参加一些慈善活动

书画家为拯救灾民的义卖书画活动；社会各界为"希望工程"的捐助活动；为美化校园，每人献上一盆花的活动。老师、父母应创造条件、提供机会，让孩子去参与这些活动。

3. 让孩子感受热心带来的快乐

孩子们受到了别人的友善相待会感到非常快乐，这清楚地告诉他热心是一件多么令人愉快的事，不过，更为重要的是，通过这样一个机会，让孩子懂得只要与人为善自己也会获得快乐。因此，不妨给孩子创造一些表达热心的机会，例如善待小动物等，他能从中感觉到爱心与付出，并真正懂得热心的好处。

4. 让孩子在热心友爱的环境中成长

首先，父母应以友好和爱的方式来教育、帮助孩子，努力使热心、友好的气氛充满整个家庭。另外，友好相待所有认识的人：亲戚、朋友、同事、邻居，以及一切可给予帮助的陌生人。孩子们在这种环境熏陶下，善良、友好对他来说就显得非常熟悉、自然。

孩子战胜冷漠态度的关键是父母，只要父母能对孩子的热心行为明确地表示出喜欢，并通过一次次的奖赏让孩子再接再厉，那父母就一定能培养出一个具备善良品质、热心的好孩子。

让孩子充当你的保护者

一位妈妈向教育专家抱怨说,她怀疑自己的女儿不爱她,生活中很多父母也都有相同的感受,他们的孩子对他们冷漠、毫不关心,这让他们伤心极了。然而,孩子变成这样要怪谁呢?爱是人类天性,每一个人都希望得到别人的爱,同时也应该向别人付出爱。可一些父母往往只给予孩子爱,却不懂得要求孩子回报,也不培养孩子施爱的能力,久而久之,孩子就习惯于父母关心自己,却不知道关心父母。因此,父母们应学会引导孩子关心自己,示弱就是一个不错的办法。

5岁的小伟跟同龄的孩子一样,喜欢吃汉堡,喜欢喝碳酸饮料,喜欢各种新奇的玩具。妈妈因此也把他当成一个除了吃喝玩闹之外,其他什么都不会的小孩。不过,一次意外的机会让她彻底改变了这种想法。

那一年,小伟家搬到了一个新的城市,小伟也进了一所新的幼儿园。一个半月后,幼儿园要开家长会,小伟妈妈也在被邀请之列。去幼儿园的路上,妈妈开玩笑地对小伟说:"怎么办啊?妈妈还没有完全适应这个城市,在你们幼儿园里,妈妈更是一个人都不认识,到时候你可要帮我啊!"

没想到小伟一本正经地说:"没问题,妈妈。我认识那里所有的老师和小朋友，包括每天接送小朋友的爸爸妈妈。"

妈妈看他认真的样子觉得很有趣，但她也只是笑笑，没有放在心上。

到了幼儿园，小伟开始履行他的承诺，他尽责地陪妈妈到会议室，严肃地把妈妈介绍给园长和其他老师，又认真地向妈妈介绍了幼儿园的每一个小朋友，最后告诉妈妈小朋友们的名字以及哪位是他们的爸爸或妈妈。

接着，小伟把妈妈带到一个会客厅，让她坐到沙发上，给她端来了一杯果汁，"妈妈，你先坐在这儿别到处乱走，我去趟厕所，一会儿就回来。"

小伟妈妈坐在沙发上，欣喜地看着突然间长大的孩子，她突然明白了一点，在孩子面前偶尔扮演弱者的角色，实际上是对孩子责任心最好的鼓励与培养。

这真是一个温馨的小故事，妈妈的一个小玩笑，让她看到了孩子懂事、负责任的一面。世上没有不爱父母的孩子，如果你希望得到孩子的关爱，那么至少先要让孩子知道你是需要他的关爱的吧！如果这个故事中的妈妈不是扮出需要帮助的样子，她的儿子又怎么会主动去照顾她呢？看来能否让孩子有关爱之心，关键还是在于父母的引导。

有一位父亲是一个教育工作者，但在教育自己孩子的问题上，却困惑不已。儿子是他的骄傲，夫妻俩一直无微不至地照顾孩子，孩子小的时候，家里经济条件不是很好，夫妻俩用省下的钱给孩子买营养品，吃鱼或排骨的时候夫妻俩就看着孩子吃个够，自己才动筷子。他们省吃俭用给孩子买钢琴、买电脑、请家教，他们常对孩子说的一句话就是:"不用担心我们,爸妈是大人,只要你生活得幸福,我们就幸福了!"后来孩子进了重点中学,成绩也很优秀,然而这孩子却有个毛病,不会关心大人。有一天,妻子出差,这位父亲和儿子留在家里,八点多钟时,他的胃病犯了,疼得直冒冷汗,他勉强从床头柜里摸出一瓶胃药,然后让客厅里的儿子帮他倒杯水,没想到孩子对他的呻吟声毫不理会,反而不耐烦地说:"你不会自己倒呀?我还得写作业呢!"这一刻,他感到自己的心比胃还要疼。

孩子的做法多么令人痛心,然而这一切究竟该怪谁呢?很多父母也像这位父母一样,认为爱孩子就该是无私的、奉献一切的。其实这种想法大错特错了。前苏联教育家苏霍姆林斯基说过,爱心是最宝贵的,孩子的爱心必须从小开始培养,因此引导孩子的爱心也是父母对孩子应尽的义务。

爱心是孩子心理健康的一个十分重要的内容,尤其在儿童时期,孩子的身心发育最为迅速,是最关键的时候。因此,在这个阶段呵护孩子的爱心,对塑造他们的良好性格和健康行为都具有十分重要的意义。然而现在的许多教育方法更多的是关注孩子的智力开发,却往往忽视了孩子品德的培养,甚至可以毫不夸张地说,现在许多孩子在被教育的时期是处于感情教育的荒漠之中的。爱孩子不是只要让他(她)吃好、睡好、学习好就可以了,还要让孩子心存爱意,关心父母和他人。

生活中,很多父母都会发现这一点,你小小的孩子是乐于充当你的保护者的。如果停电时,你拉住孩子的手告诉他你很害怕,那么孩子一定会故作勇敢地抱着你:"妈妈不要怕,我来保护你!"曾经有一个很顽皮的孩子,他的父母对他的任性不懂事一直无可奈何。有一次,爸爸要出差,就告诉孩子说,"你长大了,爸爸出远门后,你要照顾这个家，妈妈很柔弱，你要像男子汉一样保护她。"结果父亲回来后惊讶地发现孩子变了个样，他为爸爸拿拖鞋、揉腿，据说在爸爸出差的日子里，他每晚睡前都要检查门窗是否锁好，还常为妈妈倒茶，帮妈妈干活。这位爸爸为儿子的转变而惊喜，同时他也认识到这样一个道理：孩子对父母的关爱之心是需要培养的，是需要父母去引导的，不能只向孩子付出爱，而不向孩子索取爱。

示弱就是为了让孩子知道父母不是万能的，让孩子由被爱向施爱转化，从感激父母、牵挂父母，到想为父母做事，关爱父母，形成健康、完整的爱的循环。

告诉孩子，帮助别人不是为了回报

有时候，孩子在帮家里干活的时候，会提出要报酬。面对这样的情况父母应该如何处理呢？首先，父母要明白其实孩子未必真的贪钱，可能是因为听到其他孩子帮忙做家务，而得到"奖赏"的事件后，自己本着不吃亏的心态也试试。当然，父母不能助长孩子养成做事要讲报酬的不良习惯，应该巧妙地和孩子说："原来钱比我更重要呀，我会很伤心的。"让孩子明白父母希望他诚心诚意地帮助，也让他明白父母对自己的期望，不要太重视报酬。

这天课外活动的时间，小刚和好朋友明明正在聊天，小刚指着明明脚上崭新的运动鞋问道："哟，你的新球鞋真不错，什么时候买的？"

明明得意地回答："前几天刚买的的，酷吧？"他边说着还边故意摆出了很好玩的造型，逗得小刚直乐。

小刚笑着问："为了这双鞋，没少向你妈闹吧？"

明明说道："呵呵，才不呢，这是本人的劳动所得！"

小刚疑问："你的劳动所得？你打工了？"

明明神气地说道："对呀，我帮老爸老妈打工，这是我的报酬，现在我可勤快了，洗碗呀，扫地呀，样样抢着做，因为都有报酬啦。现在是市场经济时代，什么都要讲究效益的，你不妨也这样试试？"

小刚这才恍然大悟，他心里寻思着是不是也应该和爸爸妈妈搞点"市场经济"了呢？

回到家后，小刚立刻向妈妈宣布："妈妈决定每天要为家里面'打工'了，每小时8元，怎样？"

妈妈听罢，故意夸张地问道："原来钱比我更重要呀，我会很伤心的哟！孩子，你要记住，帮助人是为了给人快乐，不是为了获得报酬。"

小刚听妈妈这么一说竟有点不好意思起来了，他挠挠头傻傻地笑了……

如果孩子干了家务就要报酬，父母要让孩子理解帮助人与获取报酬的劳动是不同的。帮助人是为了给人快乐，不是为了获得报酬。教育孩子明白干家务是体谅、帮助父母，是家庭成员应尽的义务。

父母平时也应该注意，不可用金钱利诱孩子帮忙工作，做成双重标准，否则将来想改正也难了。父母最好多鼓励孩子做家务，让他觉得帮忙做事是应该的，父母也不妨多使用"请……"邀请孩子帮忙，或者在孩子帮忙后，及时说声："谢谢你的帮忙……"作为代替报酬的奖赏。

父母要引导孩子多参加公益劳动，如让孩子清扫公共的楼梯和过道，清除花园的杂草等，让孩子懂得劳动并不一定要取得回报，劳动是与奉献紧密相连的，让孩子在奉献中感到快乐。

如果孩子干了家务就给报酬，那么，当你生病卧床不起时，孩子可能会先向你要报酬，再来照料你。这样，孩子没有了爱心，有的只是冷漠，就得不偿失了。

培养孩子乐于助人的好习惯

帮助别人就是帮助自己，在孩子的品德问题上，这句话具有深刻的含义。

"皓皓，你只要把上午的功课做完，爸爸就可以带你出去玩一个小时。"爸爸对正在学习的儿子说。

没过多久，皓皓就把功课做完了。10岁的皓皓是一个品学兼优的好孩子，对于像他这样年纪的小孩，玩耍是非常具有诱惑力的一件事。

爸爸最爱到附近的那条河上的渔夫家船上看打渔，对他来说，这可以使他放松心情、缓解压力。今天，他也带皓皓来了。

渔夫打渔，他的妻子纺线，他们无忧无虑地生活着。尽管生活贫苦，但是他们生活得很快乐，他们还有一个聪敏可爱的孩子。他们唯一担心的就是儿子的上学问题。因为他们都不识字,自己不能教孩子,而且他们也没有钱送儿子去学校。

皓皓和爸爸看见渔夫的儿子正坐在桌子旁,用粉笔在桌上画着什么,于是他问:"你在画画吗?"

"不,我在学写字。"小男孩回答,"我在站牌上看到两个字,我正在把它们写下来呢。如果我能读书和认字,那我一定会是世界上最快乐的人。"

"这就是你最大的愿望?我想我们能够帮助你。"爸爸很高兴能帮助这个小男孩。

于是,爸爸每天就让皓皓利用出去玩的一个小时教这个孩子读书和写字。小男孩学习很用心,很快就会写很多字了,而且发音也很准确。

就这样,皓皓一直坚持着做这样的事。有天,皓皓的一位伙伴森森来拜访,当问及皓皓到哪儿去了时,皓皓爸爸说:"他可能去渔夫家了。"

就在不远的地方有个小木屋,那是渔夫的家。浩浩爸带着森森来到渔夫家。森森和皓皓爸走了进去,他们看到了令人感动的一幕:皓皓正坐在桌子一旁,桌子的另一边有个小男孩,他正在那里写着从皓皓嘴里念出的字,还不时把自己写的字拿给皓皓看,并且问道:"老师,我写得对吗?"

皓皓看到了父亲和森森,高兴地看着他们,他为自己的行为感到骄傲。第二天,爸爸还为皓皓和那个小男孩买了书、纸、钢笔和墨水。因为他为皓皓能够学会帮助别人而高兴。

乐于助人是一种美德,皓皓爸爸是每个父亲都应该学习的榜样,只有关心和帮助他人,生活才会变得美好。

首先，当孩子主动地帮助别的同学的时候，上进心也是最强的时候。俗话说"要给别人一杯，自己得先有一桶"，为了能帮助同学，首先在心理上就会对自己提出更高的要求并朝着这个目标努力，就会很容易取得进步了。

其次，当孩子无私地帮助同学的时候，心中一定是自豪的、骄傲的，当孩子全身心地投入的时候，无形之中增强了自己的自信心。对于下一步的学习，就会更加充满热情和活力，因为孩子学习的价值在帮助别人的时候得到了充分的展现。

再次，当孩子乐于帮助同学的时候，形成了良好的习惯，对于竞争和合作就会有更加准确的理解。孩子甚至会认为，竞争实质上就是一种合作，在这样的情况下，对于学习就会有更高层次上的主动性和积极性，学习起来，就更加从容、有效。

对他人的关爱不仅仅是付出，同时也会得到他人的尊重和关爱。这种关爱是广泛的，既有来自成人的，也有来自同伴的。懂得关爱的人会赢得同伴更多的信任，会有更多的朋友，能更好地与人建立起合作与信任。如果孩子生活在一个充满伙伴关爱的集体中，他们之间就能建立起真诚的友谊。相反，在一个过于强调自我、缺乏关爱的集体中，人与人之间的矛盾和冲突会更多，更容易形成小团伙，更容易沾染不良习气。

心理学研究表明，懂得关爱的孩子会更好地认识自我和他人的能力。对他人的认知和人际关系的理解是孩子社会认知的基础。

良好的社会认知源于孩子良好的自我认知和人际认知。良好的社会认知是孩子良好社会交往的关键。孩子在社会交往方面遇到的许多问题都源于社会认知上的偏差或偏离。提高自己的社会认知是有效地解决社交困难的主要途径。

有这样一个广为流传的故事。

在一个多雨的午后，一位老妇人走进美国费城一家百货公司，大多数的柜台人员都不理她，只有一个年轻人问她是否能为她做些什么。当她回答说只是在避雨时，这个年轻人并没有转身离去，反而拿给她一把椅子。

雨停之后，这位老妇人向这个年轻人说了声谢谢，并向他要了一张名片。几个月之后，这家公司的老板收到封信，信中要求派这位年轻人往苏格兰收取装潢一整座城堡的订单！这封信就是这位老妇人写的，而她正是美国钢铁大王卡内基的母亲。

当这位年轻人准备去苏格兰时，他已升格为这家百货公司的合伙人了。

这个年轻人之所以得到这样的幸运，就在于他比别人付出更多的关爱和礼貌。而且这种行为是一种道德上形成的"本能"行为，也就成为了一种习惯。它体现了做人最重要的一个品格——关心他人的精神。这种精神不是一朝一夕可以形成的，它必须从小抓起，从小培养。

如果让孩子从小养成关心他人的好习惯，将会使孩子富有同情心和责任感，成为一个情感丰富的、广受欢迎的人。

从小养成乐于助人的好习惯，孩子会因此培养出更强的责任感，能够更好地完成学业任务，更能够积极应对来自生活的任何挑战！

想使孩子乐于助人，首先父母要以身作则。最重要的就是：如果父母希望孩子表现得大度、体贴、乐于助人，就必须先身体力行，亲自示范给孩子看。要是父母自己都言行不一，孩子就只会模仿你言行不一的行为，即使你把原则和指令天天讲给孩子听，并讲得头头是道，也不会起任何作用。

让孩子体会弱者的痛苦，培养同情心

著名教育家陈鹤琴先生曾经说过："同情行为在家庭里、在社会里是一种非常重要的美德。若家庭里没有同情行为，那父不父、母不母、子不子，家庭就不成为家庭；若社会里没有同情行为，尔虞我诈，人人自利，社会也不成社会了。"人在任何情况下都只有在与他人的关系中才能实现自身的价值。富有同情心，乐于助人的人，会得到社会的承认和赞许，也会以不同的方式获得他人的同情和帮助。富有同情心会使一个人感到精神上的充实和快乐，并用自己的行为为社会创造一个良好的人际环境。

在德国，宝宝刚学会走路的时候，父母就在家里养小猫、小兔、小金龟等小动物，并让孩子在亲自照料小动物的过程中学会爱护弱小的生命。幼儿园里也饲养了各种小动物，由孩子轮流负责喂养，还鼓励孩子用自己积蓄的零花钱来领养小动物。教育家认为，这是从小培养孩子同情心的好办法。在成人社会的倡导下，德国的孩子帮助盲人、老人过马路蔚然成风，更不会在公交车上"抢位子"。然而在国内，由于很多父母本身并没有认识到同情心的重要性，因而忽略了对孩子这方面的培养，使得很多孩子越成长越自私、越冷漠。如果任其发展下去，就会进入同情的对立面——残忍，具体表现出来，就是一种攻击性行为。

爸爸妈妈每次带着贝贝出去玩耍，看到小狗、猫咪等小动物的时候，她都会兴奋地去追着抓它们，哪怕它们在睡觉也不会手下留情。如果把小动物放在她跟前，让她仔细地看，她会毫不犹豫地使劲去揪毛、揪尾巴，无论它们叫得多凄惨，贝贝都无动于衷。平时在奶奶抱着背着她玩的时候，贝贝会把奶奶头发揪得披头散发，奶奶哎哎地喊疼，她却开心地大笑。爸爸妈妈斥责几次，也不见成效，此后继续她的暴力，不仅限于类似情况。

贝贝的表现与家长的娇生惯养有关系，尤其是奶奶，更是对她宠得不能再宠，久而久之，贝贝习惯了以自我为中心，习惯了养尊处优，很少对别人的痛苦表示关爱。

其实像贝贝这样的孩子并不少，有些孩子喜欢虐杀小动物，有的喜欢欺侮有残疾的人，这些就是充满攻击性的残忍行为。有的孩子看到小动物，比如一只蚂蚁，他们就会像狮子一样冲上去，一脚踏上去，把蚂蚁碾成齑粉。孩子的这种残忍行为，与他们认知能力和道德观念的薄弱之间关系显然是很密切的。因此，在对孩子的教育中，必须增加培养善良情感的内容，防止孩子本能的攻击性行为。使他成为一个富有同情心的孩子，这样他才能心地善良、性情温和，成年后能更好地融入社会，建立良好的人际关系。

因为充满敌意的攻击性往往发生在不相识的对象身上。因此，爸爸妈妈遏制孩子攻击性的有效手段之一就是增加认识能力和扩大认识范围。父母经常带孩子到动物园、自然博物馆、水上世界去参观动物，或让孩子饲养小动物，让孩子懂得动物是人类的朋友，这样就可以有效地减少孩子对小动物残忍的虐待行为。

父母可以采取各种教育手段，让孩子对残疾人产生同情心，这是制止孩子欺侮残疾人的有效手段。比如在家里可以让孩子蒙上眼睛模仿盲人行走，体会盲人的痛苦，这样就可能使孩子体验到残疾人的痛苦，就会让孩子产生对他们的同情心。

孟子说："恻隐之心，仁之端也。"培养孩子的同情心，防止孩子的残忍行为，是培养孩子良好品质和善良情感的起点。

如果孩子总是在施行残忍行为(比如虐杀小动物或欺侮残疾人)中得到快乐，那就可能有某种心理障碍了，应该请心理医师诊断和进行行为矫正。

教会孩子与人为善

善良是人类最美好的品德之一。儿童心理学家研究表明：善良和同情是孩子的天性，但如果在后天没有得到及时的培养，那么他的善良与同情心就会逐步消失。所以，孩子拥有一颗善良的心的关键在于家长的正确引导和培养。因此可以说，父母是孩子善良和有同情心的最直接的播种者。

一天，一个小男孩在自家的院子里玩耍时，见院门口站着三位老人，便上前对老人们说："老人家，一定走累了吧，请进屋歇歇吧！"

"我们不能一起进屋。"老人们说。

"为什么？"小男孩好奇地问。

一位老人指着同伴说:"他叫成功,他叫财富,我叫善良。你现在进屋问问你父母,请他们商量一下,看看需要我们当中哪一位?"

小男孩进屋后,把老人的话原原本本地告诉了父母。

"孩子,你快去把善良老人请进来。"父亲毫不犹豫地对儿子说。

"爸爸,您不是还欠着房东的租金吗?您不是没有钱送我上学吗?"小男孩轻声地说,"我可以把财富老人请进家吗?"

"不行!孩子,善良比财富、成功都重要,你快去请善良老人吧!"父亲斩钉截铁地对儿子说。

小男孩听从了父亲的话,来到院子里,礼貌地对老人们说:"善良老人,请您到我们家做客吧!"

善良老人起身向屋里走去,另两位叫成功和财富的老人也跟着进来了。

小男孩和他的父亲感到很奇怪,便问成功和财富:"你们两位怎么也进来了?"

"哪里有善良,哪里就有成功和财富。"老人们回答说。

这虽然只是一个寓言故事,但却说明了善良的重要性。教育孩子与人为善,从小要有一颗善良的心,这是父母必须做到的,因为善良是伦理道德范畴中最基本的概念。这一概念的具体体现就是善行和善举,就是对社会和他人做一些符合道德要求的事情。

许多父母常常忽略了对孩子进行善良品性的教育,他们一味溺爱孩子,或者是自己本身的道德品质就不高尚。父母不好的品质也会影响孩子,使孩子在成长的过程中逐渐失去爱心、同情心,而变得冷漠、自私。因此,在教育孩子要与人为善的同时,父母也应该以身作则,要对他人有善心、同情心。

培养孩子善良的品德,家长还应该注意以下几点:

1. 用"与人为善"的小故事感化孩子

教育学家研究，教育孩子的最好方法是给孩子讲故事。当孩子进入故事情境中时，他就会不自觉地去衡量每个人物。用"与人为善"的小故事感化孩子，可以说是比较好的方法。

2. 提醒孩子不要漠视他人

生活中，父母应该注重培养孩子的同情心，特别是对处在逆境中的人要表示自己的关心，并给予必要的帮助。同时，父母要提醒孩子，如果他漠视别人，在他人遭遇困难时袖手旁观，或是避而远之，就不会赢得人们的喜爱。更为重要的是，在自己遇到难处时，也不一定有人帮助，因为没有人喜欢和一个冷漠的人打交道。

让孩子学会感恩

感恩的心有助于孩子建立良好的品质，有益于孩子与人顺利交往。不知道感恩的孩子在长大以后也难以赢得别人的尊重、好感和支持。如果孩子认为他人给予的帮助是理所当然的，不用感恩，那么在无意间就会带来副作用。

有个妇女抱着一个小孩坐公交车，当时没有人让座。这时，售票员说："小朋友，请到这边来，这边的叔叔想给你让座。"那个青年听了这话，马上站起来让了座，没想到那位妇女径直走过去一屁股坐下，对这个青年看都没看一眼。

这个青年的脸上立刻就挂不住了，心想，好心让个座，连一句感谢的话都没有，心里很是不快。这时售票员逗小孩说："小朋友，刚才叔叔给你让座，快谢谢叔叔。"小孩马上说："谢谢叔叔。"那妇女也明白过来，忙不迭地说"谢谢"。青年人听到"谢谢"，心里很高兴，还不时逗小孩开心。

尽管这是生活中一件很小的事情，但是给孩子的影响却非常重大。如果像那位妇女开始那样，孩子会认为别人这么做是应当的，他就应该坦然接受。

"王老师，我想用您的手机给妈妈打个电话。"一个上学忘记带作业本的小孩对自己的老师说道。王老师帮这个学生拨好号码，电话接通了，"怎么还没有把作业本给我送来啊……"这位学生不耐烦地对自己的妈妈说。电话打完之后，这个小孩便把手机放在办公桌上，什么也没有说就转身走开了。

到了中午，学校食堂挤满了用餐的人，等了很长时间终于轮到王老师了，忽然，王老师看见旁边有个小男孩看起来十分着急的样子，就说："师傅，请先给这个孩子把菜打上吧！"说着便指了指挤在自己前面的那个小男孩。食堂的打菜师傅照着王老师的意思做了，男孩接过菜盆，转身与王老师擦肩而过时，脸上写着的分明是一种理直气壮。

这两个小孩，之所以认为别人帮他们是理所当然的，就是因为他们在平日里没有从父母和老师那里得到良好的感恩教育。

接受过感恩教育的孩子，知道感谢他人为自己所做的一切，哪怕是很小的事情，孩子也能从中体味到人与人之间的相互关怀所带来的温暖和快乐。

感恩是每个人都应该有的基本道德准则，是做人最起码的修养。培养孩子，就要让孩子有一颗感恩的心。

在日常生活中，家长应当经常把"谢谢"这个词挂在嘴边，而且教自己的孩子要学会感谢别人的帮助，即便只是一个非常小的帮助，也要对别人说谢谢。这样，孩子耳濡目染，自然就会成为一个懂得感恩的人。

对于让孩子懂得感恩的教育，父母应该从日常小事入手对孩子进行培养。比如妈妈帮孩子洗了苹果，就应该让孩子说声"谢谢"，而当孩子帮妈妈拿了东西，妈妈也应当说声"谢谢"。这样久而久之，孩子就会养成感恩的心理。

对于孩子的感恩教育，家长应该注意以下几点：

1. 感恩需要感知

如果家长只知道奉献，只知道安排孩子的衣食住行，而不知道把自己的爱与希望呈现给孩子，孩子便不能深刻体会到家长的爱。家长应让孩子知道家长对孩子的爱之深，从而激发起孩子的爱心，引发他们来自内心的更深刻的感恩情怀。

2. 感恩需要表达

表达是感恩的重点和关键，家长对孩子的爱不只要表现在行动上，而且要用语言表达出来，在孩子的心里种下感恩的种子。

3. 感恩需要升华

感恩是广泛而深刻的，要引导孩子从感恩父母开始，学会感恩学校、感恩他人、感恩社会，促进孩子形成良好的思想道德品格和健全的人格。

告诉孩子在得到别人帮助的时候，哪怕得到的帮助是微不足道的，都别忘了说声"谢谢"。请家长记住：从小就没有感恩之心的孩子，长大以后就会成为一个自私自利的人。感恩之心、感激之情，就像燃烧的火焰，会照亮孩子的一生。

醒醒吧！淘气孩子也成才

当孩子多问几个为什么的时候，我们或许会因为工作劳累而懒得回答；当孩子的问题超出我们的知识范围时，我们或是敷衍了事，或是呵斥指责……我们惯用的方法就是——"这些等你长大了就懂了"。我们只看重孩子的成绩而忽略了其他，我们只认为听话的才是好孩子，殊不知，孩子的脑子已经慢慢机械化，已经不懂什么是创新了！

过多地要求听话，妨碍孩子的智力发展

很多父母喜欢孩子听话，百依百顺，容不得孩子的反对意见，更容不得孩子反驳自己。而现在时代已经变了，再要求孩子们百依百顺是很难做到的，而且也不一定就正确。孩子们有不同的意见，或提出反对意见，并不一定就是什么了不起的错误，更不是对大人的不尊重和不敬。我们日常生活中的许多事情本来就既可以这样做，也可以那样做。

并不是只有一种方法才能成功。俗话说"条条道路通罗马"，也就是这个道理。

可是，由于父母和老师都喜欢孩子听话，所以勇于说出自己不同的意见——不同于父母和老师的意见的孩子通常不受欢迎。聪明的父母不是这样。有一个小学教师告诉我们这样一个有趣的故事，很具有启发性。

一次，这位教师去一年级上数学课，她问："一棵树上站着三只小鸟，一个孩子用弹弓打掉了一只，问树上还有几只？"

几乎所有的学生都举手说："一只也没有了，树上是零只。"

而一个平常不太爱说话的孩子却举手说："三减一等于二，树上应该还有两只。"

这个孩子的回答引起了全班同学的哄堂大笑，因为这种脑筋急转

弯的题目，不少孩子在幼儿园就练习过了。

可是那个孩子却执着地说："就是两只嘛！"

于是这位教师说："打掉的虽然是一只，但是弹弓一响，其他的两只就飞走了。"

这样才结束了那场争论。

听了这个故事，我们觉得那位同学很值得称赞，因为他能不为多数人的意见所左右，有自己的主见而不怕被人耻笑，敢于坚持自己的主张。

发现"万有引力"的牛顿，少年时代很少和同龄的孩子一起玩耍，而喜爱独立摸索研究事物，在学校里他曾被讥嘲为"乡巴佬"。发明"相对论"的爱因斯坦的座右铭之一就是"从他人的意见中独立出来"。

这两个大科学家的发明和创见，正是他们能够力排众议、独立思索的结果。当然，要求所有的孩子都这样做是不容易的，因为很多孩子都很难顶住外界的冷嘲热讽和各种压力。有一定的执着，才可能有一定的创造力。

这个道理可能很多父母都能够理解，可是很多父母还是喜欢孩子在家里言听计从，在外不标新立异。当自己的孩子与别人的意见不合时，父母担心因此让孩子背上"不合群"的骂名，被他人讨厌。这实际上是强迫孩子顺从大家的意见，这是不利于孩子创造力的发展的。

法国人的做法很值得学习。他们认为，容易受别人意见左右的人没有主见。因此，他们积极鼓励孩子发表不同的意见。我们发现，法国人喜欢孩子相互讨论问题，通过这种方法来锻炼孩子的处事能力。

因此，在孩子反对父母的意见时，我们不应轻易地责备孩子不听话。如果孩子的意见是错误的，也应该耐心地说明、解释，这样才能养成孩子有主见、有创造性的品质。

一次，一位母亲叫孩子去买米。女儿拿了两个提包准备出门，母亲看见，把女儿叫住了："你怎么不拿小推车去推呢？还拿两个提包！"

女儿说："我拿两个提包，一手提十斤提回来了，何必还推什么车子呢？"

母亲却坚持说："当然是推车子方便得多啦！"母女俩就这样僵持不下。

其实，这种争论是没有必要的。可能母亲的说法是对的，可是女儿喜欢用手提，就让她提好了。如果真是吃力的话，那么下次不用大人提醒，她自己也要用推车的。这既是对女儿的尊重，也是让孩子们自己到生活中去积累经验。只有通过自己的实践获得的知识才最牢固。

一个十四五岁的男孩来到青春的路口，似乎有那么一条小路若隐若现，召唤着他前进。

他的母亲拦住他："孩子，那条路走不得。"

孩子说："我不信。"

母亲说："我就是从那条路上走过来的，你怎么还不相信？要知河深浅，要问过来人。"

孩子说："既然你可以从那条路上走过来，我为什么不能走过来？"

母亲说："我不希望你走弯路。"

孩子说："我喜欢，我不怕。"

母亲想了很久，看了孩子很久，然后叹口气说："好吧。你这孩子太倔强了，那条路很难走，一路多加小心。"

孩子雄心勃勃地上路了。在路上，孩子发现母亲没有骗他，那的确是条弯路。孩子碰了壁，摔了跟头，有时碰得头破血流，但是他不停地走，终于走过来了。可是这一走就是多年。

他坐下来喘息的时候，看见一个女孩，自然也很年轻，正站在当年男孩出发的路口准备出发。

当年的男孩忍不住喊："那条路走不得！"

女孩不信。

当年的男孩说："我母亲就是从那条路上走过来的，我也是。我知道那条路不好走！"

女孩说："既然你们都从那条路上走过来了，我为什么不能？"

他说："我不想让你走同样的弯路。"

女孩说："我喜欢！我愿意。这是我的权利。"

当年的男孩看看女孩，又看看自己，然后笑了："一路小心。"

几千年流传下来的经验不是没有用，而是很多人不会用，特别是年轻的一代，很多事情都要他们自己去感悟。许多人喜欢给孩子讲大道理，这些道理虽说有理，但很空泛，不少孩子都不愿听；西方人喜欢实际，鼓励孩子去体验，虽然不一定正确，但是很多孩子喜欢。感悟是一辈子的事情，让孩子学会感悟，这是一种很好的方法。

父母都有一个希望，就是自己的孩子聪明、听话。可是，事实往往是：聪明的并不一定听话，听话的不一定聪明。老师也有这样的经验，尤其是中小学老师，他们喜欢自己的学生听话，少给自己找麻烦，可是他们更清楚，过多地要求听话儿童就会妨碍他们的智力发展。

保持童心，让孩子研究大课题

清朝的一位哲学家指出，成年人保持一定的"童心"是人生能够成功的前提。我们通过观察也发现，过早就变得很世故的人往往不能成就大业。所以我们经常告诉许多父母，应该尊重孩子，因为相对某些成年人而言，也许他们离真理更近些，因为他们至少没有迷信、偏见，只有一颗探索一切的晶莹透明的心！

如果人们仔细观察，肯定会发现一个有趣的现象：孩子们向父母询问的往往是"大"问题，例如：天有没有边？人是从哪里来的？有没有外星人？等等。其中有些问题甚至对今天的自然科学来说还是未解之谜。而我们成人所关心的往往是"小"问题：鸡蛋多少钱一斤？张三什么时候退休？李四的生意怎么样？等等。

但是只对"小"问题感兴趣的成人却拥有"话语霸权"，于是他们中的不少人认为孩子们所关心的那些"大"问题是"瞎胡闹"，经常冷眼对之。有些身为父母的人甚至认为孩子应该像自己那样"世事洞明"、"样样精通"，成为"小大人"才是聪明的孩子。

这是一种荒谬的想法。例如，在我们成人世界，人们经常用"那个人太天真"来对某个人表示鄙视，天真成了一种缺点。然而在孩子的日常生活中，经常都会出现一些天真的言语或行为，例如孩子经常说"我要当科学家"、"我要当总统"等等。

一般来说，孩子特别珍视他们这些天真的梦想，幻想对于孩子是一种宝贵的财富。心理学研究表明，这主要是心理暗示在起作用。当人们受到暗示，认为自己将成为一个大人物的时候，就对自己产生了正面的暗示，长此以往就会在自己的心目中固化，形成一种正面的自我意象，最后就对自己的人生产生积极的影响，从而获得成功。

心理学和社会学都得出的结论是：没有一点天真的情感以及幻想的人是不会有太大成就的，对孩子来说更是如此。

有个小学生写了一篇作文，自己还拟了一个标题：苍蝇是从哪里来的？小作者在这篇不足百字的短文中说：他有一次摘下一个花朵，看见里面有许多小小的苍蝇，所以他认为苍蝇是从花里钻出来的。老师对这篇作文大家赞赏，这个小学生受到了鼓励，在后来的学习中勇于探索，最终成了一个很优秀的学生。

但是大部分"胡思乱想"儿童却不能像这个小作者这样幸运。即使在目前，很多人往往将这种作文视作胡思乱想，因为中国的很多父母是不懂得这种"古怪"想法的宝贵之处的。而在西方国家，这却是受到高度重视的。

事实上，想象力是人类智慧的第一缕曙光，缺少幻想的人生是苍白的！

然而孩子的想象力却常常遭到大人的嘲笑！

这是一件令人感到悲哀的事情：孩子的想象力就是在成人的误解中消失的！

人各有各自的兴趣与喜爱，不能勉强，也不应勉强。千百年来，我国有许多这方面的古训。通俗的如人们常说的"萝卜白菜，各有所爱"，就是说有的人喜欢吃萝卜，有的人喜欢吃白菜，彼此不要勉强。文雅一点的古训有："人各有志。"

对于大人，这一点大家都认识得比较明确。但是对于孩子，有的父母在这一点上的认识容易模糊。他们多不愿承认孩子，尤其是自己的孩子也有自己独特的兴趣与爱好。例如，强迫坐不住的孩子弹琴，以致孩子绝食来反抗；不顾孩子的抗议，父母像催命一样催促孩子写字画画。

这是学习上的不同兴趣与爱好。一个人的不同兴趣爱好还可以表现在生活上的诸多方面。在休闲娱乐方面，有的人喜欢哼几句戏曲和小调；有的喜欢下棋或玩牌等等。这些都是客观上存在的，你承认也好，不愿承认也好。在今天我们改革开放的多彩多姿的生活里，人的个性和兴趣得到较充分的发展，在服饰等各方面，也有了较大的自由，更是五彩缤纷。这些事情我们有些父母也逐渐开始认识，但是在对待子女的教育上，他们则常常喜欢用一个陈腐的尺度来衡量。但这只是大人的事情，对小孩子不能有或不应有。

随着孩子进入中学，逐渐懂得爱美和讲漂亮，他们在衣服的样式、颜色上逐渐开始表现出自己的喜爱，甚至与父母争论。

　　当今录音带流行，孩子放学回来常偷偷地在自己的房间里放他们从同学处借来的录音带。那些流行歌曲，他们可能听得入迷。而父母听了，则只觉得刺耳，于是会出来干预："哪儿弄来的这些难听的录音带？这哪是什么唱歌……"如果是小学生，听到父母这样的指责，有的可能不敢反驳，但有的可能就会与父母争吵。而有些软弱的孩子听到父母对自己喜爱的东西评价这么低，甚至会感到泄气或绝望。因为这个时期的孩子还刚学会自我欣赏，一旦自己的爱好被父母否定了，就会失去信心。

　　因而，在遇到这种问题时，父母首先就是要承认每个人可以有个人的喜爱和兴趣；其次就是尊重个人的喜爱和兴趣。发型、服装只要不是极为怪异，不是下流低级，就应该允许孩子自己选择。当然，在承认与尊重的前提下，父母还是可以进行适当引导的，培养孩子高尚的趣味和情操。

绝不能扼杀孩子的好奇心

　　有个小男孩，经常缠着妈妈给他讲故事。一天，妈妈给他讲聪明的小白兔战胜可恶的大灰狼的故事。他不解地问妈妈："为什么小白兔就是好的，大灰狼就是坏的呢？"妈妈先是愣了一下，接着狠狠给了儿子一个耳光，她声色俱厉地说："笨蛋，这难道还用问吗？这不是显而易见的吗？"

男孩"哇"的一声哭了。妈妈不耐烦，又狠狠地抽了儿子两下说："哭，哭，有什么好哭的，这么笨还好意思哭！"

男孩莫名其妙地挨了打，却不知道自己错在哪里。那天晚上，他躺在床上，心里愤愤地想，你是大人就可以不回答我的问题，就可以不讲理吗？你力气大就可以随便打我吗？从此他不再缠着妈妈讲故事，也失去了听故事思索提问的好奇心，但心中却留下了仇恨。

这位妈妈怎么也不会相信，自己一记重重的耳光，不仅剥夺了儿子爱思考的好习惯，也打跑了儿子的自尊心。学问就是"学"和"问"，意思就是一定要学着怎样去问问题。学习不思索、不质疑、不提问，怎么能是真正的学问呢？

孩子能够提出问题，表明他经过了认真的思考。不管孩子提出的问题是多么天真幼稚、多么搞笑、多么不可思议，父母也都要抱以鼓励的态度，保护孩子这种用心思考的精神。

培养孩子勤于思考的习惯，就要认真而有耐性地回答孩子的提问，并给予肯定和鼓励。只有这样，才能激起孩子爱思考的好奇心。

在飞机上，一位妈妈与她的两个孩子一直在讨论一些有趣的问题。比如飞机怎样飞，飞机在飞的时候为什么"不会动"，飞机上的窗户为什么不能够打开，这么大的飞机是怎么飞上天的，为什么人不会飞等。

对于孩子提出的每一个问题，母亲总是耐心地回答。当然，母亲并不能准确回答每一个问题，那她就和孩子热烈地讨论着，孩子的兴趣越来越大，提出了许多绝大部分成年人没想到而且回答不了的问题。

孩子的好奇心既是孩子思考的温床，也是孩子提问的源泉，所以想要培养孩子勤于思考的习惯，就绝不能扼杀了孩子的好奇心。

孔子在《论语》中告诉人们："学而不思则罔。"洛克威尔曾说："真知灼见，首先来自多思善疑。"先贤哲人都认为，思考是学习的点金术。

正是如此，瓦特看到水开了，在不懈的思考中发明了第一台蒸汽机；牛顿看到苹果落地，经过冥思苦想，发现了万有引力定律……由此可见，善于思考者必定受益无穷。如果父母从孩子小时候起，就培养他勤于思考的习惯，那么对于孩子的学习成长将会非常有益。

有一个孩子，从牙牙学语时起，父母就很注意培养他动脑的习惯。父母去商店买油盐，就带上他，让他去看售货员打算盘，做计算。很快，这个孩子对奇妙的阿拉伯数字产生了浓厚的兴趣。回到家，父母便教他学习简单的加减法。

过春节，父母忙着做汤圆，母亲便问他："数一数，做了多少个？"

"28个！"这个孩子一一数完了，响亮地回答。

"再做几个，每人就能都吃到10个汤圆呢？"母亲启发他。

"再做两个就够了！"

当这个孩子再长大一些，父母就让他独自到店里买油打醋。每次买东西回来，他把账都报得一清二楚。就是这种让孩子处理问题的方法培养了他勤于思考的习惯。

因为拥有勤于思考的习惯，上学后他的智力超出常人许多。在短短的数年内，他便学完了别人用十年才能学完的功课。

这个孩子就是顺利考上中国科技大学的15岁大学生施展。

由此可见，培养孩子勤于思考的好习惯，非常有益于孩子的学习和成长。善于思考是一种好习惯，它能传承精华，去除糟粕，是孕育智慧的火花。家长绝不能因为孩子的问题繁多、幼稚而熄灭了孩子孕育智慧的火花。

别怕孩子"野"

男孩在小的时候,家长很不希望孩子有"胆识",因为那意味着孩子"野""调皮""不踏实""容易闯祸"。诚然,对于年龄较小的孩子来说,"有胆识"确实很容易给家长们带来麻烦,给孩子自身带来伤害。但我们也必须承认,随着孩子一天一天地长大,胆识对于他们来说,越来越重要,适当地给孩子些机会,让他们锻炼胆量、增长见识,在他们的成长历程中,至为重要。

在传统教育模式下,学习成绩好的男孩显得比"坏孩子"更加缺乏胆识。就胆量而言,"坏孩子"往往具备较强的社会交往能力,因为相对于中学环境,大学更像是一个"小社会"。在这个社会环境中,个人交友圈基本都要自己去开拓,认识新朋友,融入某些团体,都需要学生自己去做。"坏孩子"具有这种"天然"优势,因为他们过的本来就是这样的生活。

好孩子则多少有些不适应这种"小社会",他们往往是"不敢"主动接触,有点不知所措。他们从小就被人"领"着去接触社会,从小就缺少一种"从零开始"的经验和胆量,在交往中表现为"怯"。同时,各种学生团体、爱好组织中,处处也都有"坏学生"的身影。

当然,好学生们也有着特长和兴趣爱好,他们也乐于参加一些社团,参与一些社团组织的活动。但是,我们会发现,一些个性张扬、彰显特色的兴趣社团更多地属于"坏学生",尤其喜剧、音乐等需要表现个人能力的社团更是如此。令人更奇怪的就是,"坏学生"在这些团体中,往往是作为"领导者""组织者"或"意见领袖"出现,而好学生显然更加愿意服从社团的组织,不太愿意挑选角色和位置,通过自己的特长和努力为组织"添砖加瓦"。

就"识"而言,坏孩子的优势则更加明显。一般来说,坏孩子往往比好学生有更多的见识。因为坏学生一般不会满足于两点一线的生活方式。他们的生活一般会很丰富,朋友也会很多。所以,更多的经历使得他们比好学生能更多地接触社会,接触到方方面面的事情。单纯对于学习来说,"见识"并不能起什么直接的作用。无论你眼光多么独特,也不会比千年来、无数人总结的理论更正确。因此,要学习好这些理论,"见识"的作用并不大。

但是,在今天多元化教育的时代,一个学生的见识,更能体现他的综合素质。我们记得,在20世纪末21世纪初,"新概念作文大赛"在我国教育界启动以后,"新概念作文"成了语文教育的一大亮点。它强调让学生真实、真切、真诚、真挚地关注、感受、体察生活。而韩寒、郭敬明、张悦然等"新概念作文"培养出的作家中,许多人学习成绩并不好,甚至也可以说是一种"坏学生",但他们却在学习之外的其他领域获得了巨大成功。

具备胆识的孩子更容易走向成功之路。因为具备"胆识",在需要力排众议的时候,不会瞻前顾后;在发现机遇的时候,不会犹豫不决;需要作出果断的处置时,不会畏首畏尾。

作家塞万提斯曾经说过:"丧失财富的人损失很大,可是丧失勇气的人,便什么都完了。"对于一个人来讲,如果说,失去了机会就失去了很多,但是如果丧失了勇气那就失去了全部。

若想成就事业,胆识是必不可少的个人特质。在一定时候,胆识能起到决定性作用。凡是有成就的名人和伟人,无不胆识过人。

有胆识的人比别人更"快"地注意到机会的来临并把握它。机遇总是转瞬即逝，当机遇擦身而过时，别人还来不及反应、来不及考虑清楚是否需要把握它，有胆识的人已经在瞬间作出了决定，也许别人还在观望，但此时的他们已经开始了自己的行动。

有胆识的人比别人更"准"地把握时机。他们的思想从来不会被过去的经验和条条框框所左右，他们有着敢为天下先的勇气。如此，他们就会更多地尝试他们那些大胆的想法，使得他们能获得更多的发展机会。机会多，成功率自然就高。

真正有胆识的人比别人更有"智"。有胆识的人绝不是一介莽夫，他们往往智勇双全。他们能在学习、工作、生活中发现更多的"路"，并且用自己的头脑判断这些新发现、新思路。

有胆识的人比别人更能"隐"。这个"隐"指"隐忍"，人总有失败的时候。面对失败，有的人输得起，有的人则一蹶不振。有胆识的人相信自己能赢，相信自己的能力。他们不服输、不认输，他们往往像一名坚强的战士，在生命的战场上总能"背水一战"、绝处逢生。无疑，以上这些心理素质使得有胆识的人更接近成功之路。

如何培养男孩子的胆识？可以参照以下几点：

1. 支持孩子大胆地去做事

父母教育孩子，对孩子未成熟期的保护应该随着孩子的发育成长减少，并随着孩子的成长加强对孩子单独生活、适应社会的能力的培养。

2. 鼓励孩子大胆地说话

一些孩子不喜欢说过多的话，对此，爸爸妈妈应尽量少讲"你一定要这样或那样做"之类的话，而应多讲"你看怎样办""你的想法是什么"这类的话，给孩子一个独立思考并发表自己意见的空间。

3. 鼓励孩子多与社会上的人打交道

有些性格懦弱的孩子仅仅习惯于同自己熟识的人待在一起，与社会上的人打交道时就会产生一种潜意识的惧怕。因此，爸爸妈妈在孩子小时就要培养他们为人处世的能力。

别怕孩子搞"破坏"

给孩子新买的电动车,被孩子拆得七零八落;爸爸旅游时带回来的工艺品小木船,也被孩子给"分解"成一块块碎木片……这几乎是每位家长都会遇到的情况,那么家长们在这种情况下通常会有什么反应呢?大声呵斥,耐心劝导?不,我们给家长的建议是您何妨纵容孩子一次,满足孩子的好奇心,让孩子在"搞破坏"中提高创造力,不也是一件好事吗?

希尔是个生活刻板严谨的人,做事情总是规规矩矩。但这么一个讲究纪律的人,却有一个最调皮捣蛋的儿子布鲁克林。

布鲁克林是个9岁的孩子,成天都在不停地动,不知疲倦地摔碎器皿,弄坏东西,惹是生非。他与他的父亲在个性上是两个极端,因此两父子之间的战争一天之中不知要发生多少次。

有一次,布鲁克林把舅舅送给他的望远镜拆开了,想看看里面究竟藏了些什么,这自然会招致他父亲的愤怒。不过,拆东西可算是布鲁克林最大的爱好了,凡是让他感到好奇的东西,都逃不过被拆的命运,当然因此他也没少挨父母的打骂。可是无论父亲怎么打骂,他的这个毛病始终也改不了。

伟大的音乐家需要家人的鼓励和支持还有一次,布鲁克林竟然把一块金表给拆开了,要知道,这块表是布鲁克林故去的爷爷留下来的遗物，有七十多年的历史了。希尔一直十分珍惜，总是带在怀里，从不离身。不久前表出了点故障，必须拿去修理，哪知还没来得及修，就被他这个调皮的儿子给翻了出来。现在这表被大卸八块，零件散落了一地。希尔立即暴跳如雷，一耳光将儿子扇得坐在地上，而且还准备再冲上去打他一顿。

然而妻子却拦住了他："请不要打了，你这样打孩子太过分了。"

希尔火冒三丈地说："不，这是他应得的！你看他把我的表弄成什么样子了。"

"布鲁克林是弄坏了表，但是你认为一块表比自己的儿子更重要吗？"

这时，布鲁克林抽抽咽咽地辩解说："我没弄坏表……我只想帮你把它修理好……"

妻子在一旁气愤地说道："不管布鲁克林是修表还是拆表，你都不应该打他，恐怕又一个'爱迪生'就这样被你给'枪毙'了。"

希尔愣了一下，问道："我不懂你这话是什么意思？"

"孩子拆开金表，他也只是想知道金表里到底有什么，这是一种好奇心，这是有求知欲和想象力的表现，也是一种创造。如果你是一个明智的父亲，就不应该打孩子，而应该理解孩子，要给孩子提供从小就能够动手的机会。"

妻子的话给希尔很大触动，当天晚上，他带着金表零件来到儿子的房间，在真诚地向儿子道了歉之后，主动提出和儿子一起修理金表。小布鲁克林原谅了父亲，并答应和父亲一起修理。在这个过程中，希尔才发现儿子原来如此的聪明，手指也非常灵巧，他记得零件应该放在什么位置，甚至还能说出一些零件在手表中所起到的作用。

研究人员发现，手指活动灵巧的孩子，大脑的思维活动往往非常活跃。在手工活动中，孩子进行的拆装、粘接、装配等一系列动作，都要通过听、视、触等感觉系统传入大脑的运动区，再由大脑的运动区发出指令，不断地调整手的动作，这样反复循环刺激，能使脑细胞的功能得到加强，思维水平得以提高。因此，孩子在他们感兴趣的手工活动中，能够得到智能的发展。

遗憾的是很多父母在不知不觉中，总是以种种理由抑制孩子这一好奇心驱使下的美好天性。

想培养孩子成才就不要怕麻烦，认为孩子搞手工劳动要摊放材料、工具，弄得家里凌乱不堪；也不要怕孩子弄脏衣服、弄脏了手。父母不妨为孩子提供专门的衣服、擦手的抹布。至于孩子使用剪刀、针等危险工具，父母开始可以指导孩子使用，以后再逐步让孩子独立使用。这样既可以避免孩子初次使用时受到伤害，也能达到训练孩子心、眼、手的协调性和灵活性的目的。实际上，在一些"破坏活动"中，只要注意培养孩子的一些好习惯，许多问题都可解决好。父母千万不要因小失大，使孩子失去锻炼自己的机会。

此外，爸爸妈妈们不仅要纵容孩子搞"破坏"，还要鼓励孩子把破坏掉的东西复原，这样才能使孩子动手的信心得到加强，有利于孩子创造能力的发展。

孩子淘气并非一无可取

孩子淘气是最让父母心烦的，他们精力旺盛，不停地惹是生非，给父母带来了无尽的麻烦。对于这样的孩子，一般家长的教育策略就是：严加管教，然而这样做效果并不好。有的孩子越管越"皮"，处处和父母对着干，无法无天地淘气；有的孩子被家长管得老老实实，对什么都没兴趣，家长让做什么就做什么，失去了自己的个性。其实对淘气孩子的最佳管教方式是：在约束中纵容——纵容孩子淘气，但要注意引导孩子向好的方面发展，让孩子在淘气中学到东西。

有一个孩子非常淘气，好在他有一个开明的母亲，从来不会严厉地压抑他的天性。有一天上课时，一名女学生突然发出一声惊叫："蛇！"全班顿时炸开了锅，一片呼叫声。一些学生爬上了桌子，还有一些往教室外逃。年轻的女教师慌了手脚。这个孩子却镇定地趴在桌子底下，伸手一把抓住一条蜥蜴，往一个小纸盒里一塞放进书包，若无其事地坐到位子上。班主任老师把他叫到办公室狠狠批评了一顿，并找来了孩子的母亲。其他老师都反映：这个孩子是个淘气包，贪玩，常捉弄女同学，学习成绩不好。希望家长多配合学校对他进行批评教育。

母亲把孩子领回家，但并没有批评他。因为她知道如果随便下结论，不分青红皂白训斥批评，是教育者的大忌。沉默了一会儿，她心平气和地问儿子："为什么要抓蜥蜴，不怕它咬么？"儿子说："它没有毒，不咬人。""是吗？你怎么知道的？""书上说的。""你什么时候抓到的？""四五天了。""这么久了，喂什么给它吃？""我没有喂它。书上说，蜥蜴饿急了会吃掉自己的尾巴，我想试一试，看看是不是真的。它至今还没有吃掉尾巴。"母亲笑着拍了拍儿子的肩膀，鼓励他把实验做下去，并告诉他如何做好观察记录，同时向他指出：不该将蜥蜴带到学校。两个星期后，儿子兴奋地告诉母亲："蜥蜴的尾巴不见了。"母子一起剖开蜥蜴的肚子，在里面找到了尾巴。孩子高兴得不得了。正在这时，市里要举行科技小发明小论文竞赛。母亲就鼓励孩子把蜥蜴实验的记录写成一篇观察报告，结果这篇报告获得了小论文竞赛的二等奖。那天放学后，孩子把奖状端端正正捧在胸前，在同学羡慕的眼光里走出校门。

后来，同学们选他担任科技活动小组长，又成为班里的学习委员。

这个事例告诉了我们这样一个道理：淘气的孩子并不是一无可取，只要父母管教得当，孩子就会大有可为。

很多国家对儿童教育的研究显示，淘气的孩子往往最具有坚强的意志力，而且通常很聪明。事实上，有时候孩子的淘气行为就是他具有开拓精神与创造力的一种表现。所以，父母应避免过分压抑孩子的反抗心理，顺势而为，开发"淘气包"的聪明潜力。

为了有效地开发淘气孩子的潜能，为了让孩子从错误中吸取教训，从而不断成长，专家给出了以下建议：

1. 引导孩子改过

接纳孩子已犯的错误，注重事后的引导是十分重要的，并给予孩子改过的机会，使其从改过的过程中领悟出道理；否则，孩子会认为反正父母是不再给自己机会，也不再对自己存希望，还用改过吗？进步的效果也就达不到了。

允许孩子淘气，并不等于对他们的过错不闻不问，否则，亦达不到启发孩子的效果。所以，给予孩子正确解释，让他们知道犯错误的原因何在，请孩子想想避免或改过的方法，从中学习。

2. 不要随便责骂孩子

责备孩子前，先站在孩子的立场设想一下，想想他们的能力、感觉。例如孩子吃饭时打破了饭碗。"饭碗太大了，你的小手不够大吧？""所以，吃饭时就最好不要东张西望、看电视啦！"孩子也就觉得父母替自己设想，不是完全责怪自己，会发出内心地自我反省，不再存心推卸，并尽力避免下次再犯。

3. 帮孩子分担一部分责任

替孩子分担一小部分责任，减轻他们的心理负担，亦有助于他们反省。在孩子年龄较小时，不应给予太多责备，目的只在于给他们认错及思考、汲取教训的机会。

允许孩子淘气，关键在于引导孩子，让孩子在淘气中有所得，若一味纵容孩子而不加引导，那就是溺爱孩子了。

孩子贪玩不是病

孩子贪玩，是一个令父母感到头痛的问题。其实，父母们应该知道，玩是孩子的一种天性，是他们对周围世界感到好奇的行为表现，事实上，很多孩子往往是在玩耍中学到知识，加深对客观世界的认识的。哈佛大学著名儿童心理学专家组成的"发现天赋少儿培育计划"课题组，在对世界各地近3000名10岁以下儿童进行跟踪调查后发现，在被认为是聪明过人的孩子里，87%都有"强烈的好玩之心"。因此不要把你的孩子限定在你规定的"框架"里，"纵容"你的孩子开怀地玩耍吧，也许你会培养出一个好玩的好孩子。

朱畅从小就是个特别贪玩的孩子。每天放学后，朱畅不是拿着他自制的"捕虫器"到田野里捉虫子，就是带着其他几个孩子拿着一个放大镜到田间地头，观察庄稼的叶子。

有一段时间，父母对朱畅贪玩的行为十分恼怒，还多次没收了朱畅的一些玩耍工具。但这并不能阻止孩子的贪玩，朱畅总是有很多的"鬼点子"，今天玩耍的工具被没收了，明天他又能做出一个其他的玩要工具。老师说朱畅够聪明，只是没有把主要精力用在学习上，所以学习成绩平平。爸爸妈妈更是着急，不知道究竟怎么办才好！

小学毕业后，朱畅并没有考进重点中学，在一所普通中学里学习成绩也只是"中等偏上"而已。但朱畅制作航空模型的水平却是出了名的，他制作的航空模型不但在学校和市里获了奖，而且还参加过省级赛事。2002年，朱畅还是一名初三的学生，那一年在老师的指导下，由他制作的航空模型获得了全国大奖……

教育学家认为：对于孩子来说，玩是学习，游戏是学习，学习本身也是学习。事实上，我们也很难找到一个不喜欢玩的孩子！父母之所以害怕孩子玩，是怕孩子玩得太出格了，因此限制孩子玩。

一个懂得教育孩子、会培养孩子的父母，理应把陪孩子玩当成亲子教育中最重要的一环。让孩子充当"玩"的主角儿，感受玩的乐趣，在玩中加深对世界的认识，这才是我们的任务。

在与孩子玩的过程中，父母可结合"玩"的内容，培养、引导孩子对事物的兴趣。比如，捉蜻蜓后，引导孩子观察蜻蜓的外形，看看它们各有什么特征，有什么相同和不同的地方，再把它们与其他种类的昆虫比一比，让孩子对自然界的各种小生物发生兴趣。

陪孩子玩，也是引导孩子开阔视野，开拓思维的好途径。比如，父母发现孩子喜欢玩汽车玩具，在陪玩中就可向孩子介绍不同种类的汽车，以后再带孩子去参观汽车展览会，扩大孩子的眼界，孩子会饶有兴趣地了解各式各样的汽车，在现实生活中又和孩子一起观察汽车，获得更多的知识，启发孩子的求知欲望。

同时，玩也是培养孩子良好品德的有效方法。父母在陪孩子玩的过程中，可以针对各种情况进行品德的培养。如带孩子去公园，要教育孩子爱护花木，爬山时不怕苦、不怕累，摔跤了不要哭要勇敢，不要破坏文物等。带孩子看电影，就应跟孩子一起做个文明的观众，不大声喧哗，不乱丢果皮纸屑，等等。

为了帮助家长们更准确地引导孩子，建议家长在三个方面多下功夫：

1. 观察孩子的喜好

对于贪玩的孩子，父母应该注意细心观察孩子爱玩什么，怎么玩……分析这样玩对孩子身心健康是否有益，是否妨碍和伤害到其他人的利益，是否对社会环境产生不良的影响等。千万不要不分青红皂白就对贪玩的孩子主观地横加干预。

2. 引导孩子去玩

贪玩的孩子兴趣爱好往往十分广泛，聪明的父母不是限制孩子玩，而是把孩子的爱好引向更科学、合理，有助于身心健康的方面。孩子如果爱好广泛又比较贪玩，他们往往玩起来认真投入，不能自制。父母应该怎样做呢？我们不妨看看下面这个例子：

小宇喜欢踢足球，放学后就在楼下的小路上踢。尽管场地狭小，仍然玩得汗流满面，还曾踢碎过人家的玻璃。后来父母分析，孩子喜欢踢足球是件好事，他在体育课中的长跑项目没有达标，而踢足球也是锻炼长跑的好机会。于是父母阻止了孩子在楼下踢球，而是在周末带他到学校的操场上去踢，这一下孩子玩得更尽兴了，这样做的结果既保护了孩子的兴趣，又弥补了体育课中孩子的弱项。

3. 帮孩子合理安排玩的时间

孩子的兴趣广泛，又得不到合理的安排，往往在玩的时候投入的精力多，占用的时间长，没有节制地玩，造成"贪玩"。改变孩子贪玩的现象，应该是父母帮助孩子合理地安排和选择"玩什么"、"怎么玩"和"什么时间玩"，使孩子能够在"玩"中受益。如父母不妨训练他的骑车、游泳等基本技能。有条件还可以经常带他们郊游、爬山、参观博物馆等。

孩子在"玩"的过程中不仅能开阔眼界，同时也能增长知识。因此家长应当鼓励孩子去玩，不要把孩子的一举一动都限制在框框里。

支持孩子的异想天开

天空是飞机的世界，学习就像飞机在知识的天空中飞翔，而想象力就是飞机的翅膀，有了想象的翅膀，飞机才能够在知识的天空中飞翔。

达尔文从小就是一个想象力很丰富的孩子，他尤其热爱大自然，喜欢探险、采集各种标本。

他的父母对培养儿子的想象力很重视，总是想方设法地满足孩子的兴趣和爱好，鼓励他努力学习，探索真理，这为达尔文以后成为闻名于世的生物学家产生了很大的影响。

一天，小达尔文和妈妈一起到花园里种树。妈妈对达尔文说："泥土是个宝，小树只有在泥土中才能长成参天大树。别小看这泥土，它能长出青草，青草又喂肥了牛羊，我们才有奶喝，才有肉吃；是它长出了小麦和棉花，我们才有饭吃，才能填饱肚子，才有衣服可以御寒。泥土太宝贵了。"

这些话，让小达尔文想到了一个问题，他疑惑地问："妈妈，那泥土里能不能长出小狗来呢？"

"当然不能呀！"妈妈笑着说，"小狗不是泥土里长出来的，是从狗妈妈的肚子里生出来的。"

达尔文又问："我是妈妈生的，妈妈是妈妈的妈妈生的，对吗？"

"对呀！所有的人都是他自己的妈妈生的。"妈妈微笑地回答。

"那最早的妈妈又是谁生的？"达尔文接着问。

妈妈一时答不上来了。她对达尔文说："儿子，世界上有好多事情对我们来说是个谜，你快快长大吧，这些谜需要你去解释呢！"

就这样，达尔文怀着想象，不断地去探索、追寻，最后他成为了闻名于世的生物学家。

如果达尔文没有想象力，那么今天的"进化论"也许就不会存在了。而达尔文的父母最成功之处，就在于支持儿子的想象力。

每个孩子都有自己独特的想象空间，不同的父母将挖掘不同的宝藏。所以，我们要让孩子拥有丰富的想象力，帮他们挖掘出最大的宝藏。

培养孩子的想象力，就应该支持和鼓励孩子的"异想天开"。

现代速算法的创始人史丰收能有震惊世界的成就，就得益于他小时候的异想天开。

史丰收小时候总是主动地做一些"离谱"的事，说一些"异想天开"的话。他曾把死兔子放在火炕上，想把它烤热救活，他也曾缠着大人问人死了为什么不能再活……

上幼儿园时，老师教孩子们写"大小"二字，史丰收却按照自己的理解将"小"字写成"十"字。老师给他纠正，说他写得不对，但小丰收不服气地辩解说："'大'字两条腿向外伸得大大的，'小'字两条腿应该向中间缩得小小的，所以小应该写成'十'。"他的一番荒诞不经的解释让老师又好笑又好气。

后来，上了小学，在学四则运算的时候，史丰收提出一个"离经叛道"的问题："运算时能不能从高位算起呢？"老师没有批评他问得奇怪，而是鼓励他说："古今中外，几千年来都是从低位算起的，这是古人总结的经验，你要是有本事，也可以发明创造嘛！"

正是老师在课堂教学中站好了创新的制高点，对史丰收的成长给予了鼓励。才使他在那个特殊的年代，一直"异想天开"下去，他不但天天想、时时想，而且无论是吃饭时，还是在走路时，他都在想象着。长大后，他终于成了中国家喻户晓的名人。

由此可见，支持孩子的"异想天开"，会使孩子在将来得到意想不到的收获。

培养孩子的想象力，家长可以参考以下几点去做：

1. 在游戏中提升孩子的想象力

游戏是孩子的主要活动，父母可以在孩子游戏时鼓励他们自己提出游戏的主题和内容，如果形成了习惯，孩子的想象能力就会迅速得到提高。

2. 让孩子多接触图画，包括多看和多画

父母应多带孩子观察大自然和多看知识性、趣味性强的图片，这些是孩子展开想象的立足点。在此基础上教孩子画画，鼓励其把头脑中想象的东西画出来。开始时，父母可以先画一些基本线条，告诉孩子要画什么，再让孩子根据自己的想象把画画完。孩子喜欢画画，父母最好不要代拟主题和内容，要让孩子想画什么就画什么，这样才能令孩子有广阔的想象空间。此外，父母可以画一幅未完成的画，让孩子想象并补画其余内容，构成一个完整的画面。

3. 多给孩子讲童话故事

童话故事适合孩子想象的特点，常常听童话故事的孩子的想象能力比不听、少听童话故事的孩子要丰富得多。最主要的是父母讲完后，让孩子马上复述。孩子可能在复述中有添枝加叶的地方，只要主题大意不变，父母就应该鼓励。千万不要泼冷水，以免挫伤孩子想象的积极性。父母给孩子讲故事，有时可讲到一定的地方不往下讲，引导孩

子自己对以后的故事情节进行想象。

4. 让孩子进行"情景描述"

父母可以常常和孩子做这样的游戏，比如，父母说："这是一个下雪天，想想看是什么样子？"孩子根据他的想象进行描述。反过来，孩子也可以问父母："这是一个下雨天，想想看是什么样子？"此时父母应尽量认真细致地描述一番，从中给孩子一些启发。诸如此类的问题有很多。在想象时，孩子的水平会有差别，父母要引导孩子讲述更加丰富的内容，让孩子尽情地说出他的想法。即使他的答案很滑稽，甚至不合逻辑，都不要批评，唯有父母的倾听、接纳才能引导出孩子更好的答案。

想象力比知识更重要，因为知识是有限的，而想象力概括着世界的一切，推动着世界进步，并且是知识进化的源泉。严格地说，想象力是科学研究的重要因素。

引导孩子去冒险

每个父母都希望自己的孩子具备勇敢的品质，但有些孩子胆子却很小。比如有的孩子每当父母不在身边时就会感到害怕，有的孩子怕黑，有的孩子怕"鬼怪"等。这是在培养孩子的过程中经常遇到的问题。

为了避免以上问题的出现，家长应该在日常的小事中就注意培养孩子的勇敢精神。

一个星期天的早上，一个美国家庭决定全家去爬山。在爬一个小坡时，3岁的福特一步一回头，不停地看着爸爸，很想让爸爸把他抱上去。爸爸似乎有意要锻炼他一下，并不看他，只是不停地向上爬。

因为爸爸知道，虽然是第一次爬坡，可小福特是可以爬上去的，这是锻炼孩子胆量与技巧的一个绝好机会。福特看爸爸并不来帮助自己，只得小心翼翼地往上爬，但还是不时地看着爸爸，不过，每次都看到爸爸鼓励的眼神。终于，小福特在没有别人帮助的情况下，自己爬到了山坡上。

"福特，你真勇敢。"

听着爸爸的表扬，小福特心里很高兴，小脸笑成了一朵花。

孩子的勇敢精神，是从小被父母培养起来的。如果孩子在第一次面临小困难时，父母能够给予孩子鼓励，那么孩子就能够勇敢地走下去，而且将这次勇敢的成功作为下次勇敢的资本；如果父母这也怕、那也怕，害怕自己的孩子磕着碰着，不论什么事情都不敢让孩子自己去尝试，那么孩子就不会有勇敢的资本，更不会有勇敢的精神。

培养孩子的勇敢精神，家长应该从日常生活中的一点一滴做起，培养他们"敢"字当头的勇敢精神。

有一次，小立着凉患了感冒，吃了一些药仍不见好转。妈妈只好带他到医院看病，医生建议要打针，否则高烧可能引起肺炎。可妈妈听到后有些担心，不自觉地皱起了眉头。

小立第一次听到"打针"这个词，然后看到妈妈神情紧张，又看到医生忙碌地摆弄针头和药品，就"哇"的一声哭起来。当医生把注射器的针头扎下去时，小立哭得更厉害了，妈妈后来知道是自己紧张的神情影响了小立，她决定第二天采取另一种态度。

第二天，妈妈又带小立去医院打针。小立一看到昨天那个医生就立刻哭起来,这一次,妈妈平静地说:"小立,打针没什么可怕的,你昨天不是刚打过吗?没什么啊。"

"可是,我怕疼……"

"疼有什么好怕的,妈妈小时候不知道打过多少次针呢,为了治病,这点疼算得了什么?我相信你是个勇敢的孩子。"

小立听到"勇敢"这个词,顿时忘了害怕,这一次,他不仅没有哭,还和医生聊起天。

由此可见,很多时候,锻炼孩子的勇气,往往是对父母勇气的考验。如果父母对困难或危险感到害怕,那么他们培养出来的孩子就不可能勇敢。每当孩子遇到"棘手"的事情或遇到困难时,父母应该给予鼓励,让孩子勇敢地去闯,相信孩子也是能闯过去的。

庞秀玉的三个孩子自从出生以来,由于家庭变故及经济条件的限制,从来没有进过公园。

前些天,庞秀玉带着三个孩子来到人民公园,三个小家伙立刻撒开了欢儿,老大要爬假山,老二要去草坪上捉蝴蝶,老三则非要开"坦克"。三个孩子朝着三个不同的方向使劲拽着妈妈的衣襟,一时间庞秀玉被搞得焦头烂额。

"谁大听谁的。"妈妈提高了嗓门,三个孩子顿时安静了下来,广韵、广雅小姐妹还有些愤愤不平,因为身旁的大哥正朝她们俩做着"鬼脸",嘟囔着"我大"。

站在"航天飞机"前,三个孩子再也不想动了,大眼睛死死地盯着正在头顶上"飞翔"的"飞机"。但当给他们买好票,送他们上"飞机"时,广韵、广雅小姐妹却忽然哭出声来,拽着妈妈死活不肯上"飞机"。

最终,还是大哥最为"勇敢",咬牙跺脚地上了飞机,条件是必须由妈妈陪伴。5分钟的飞行很快结束,走下"飞机"时,这个小家伙的额头已经沁满汗珠,手心也是冰凉冰凉的,可却依然保持着勇敢者的姿态,不断东张西望寻找着两个妹妹。

此时的广韵、广雅小姐妹已经在妈妈的一再鼓励下壮着胆子走上了旋转滑梯,很快,银铃般的笑声连成了串。

可见只有让孩子勇于尝试,他才能知道事情的真相;只有锻炼孩子的勇气,才能让孩子变得勇敢。每一个孩子可能都是一个天才,重要的是大人们要去挖掘。培养孩子的勇敢精神也是一样,只要家长肯给孩子鼓励,那么孩子是不难做到勇敢的。

培养孩子的冒险精神,家长可以从以下几点做起:

1. 父母要找到孩子的恐惧源

只要找到孩子的恐惧源,才能对症下药,给予孩子适当的教育和引导。一个幼年孩子也许会怕黑暗、动物、噪声、陌生人等,大一些的孩子可能会害怕被同龄人遗弃、害怕失败、害怕失去亲人、害怕原子弹爆炸后的人类灭绝等。

2. 帮助孩子克服恐惧的心理

如果孩子害怕的东西很实际(例如怕狗或是怕黑),那就要和孩子一起面对它,只有经过耐心的循序渐进的鼓励和引导,孩子才会慢慢克服恐惧的心理。

3. 让孩子在挑战的环境中锻炼勇气

我们不仅仅要帮助孩子克服恐惧心理,还要把孩子放在充满挑战的环境中,让孩子得到勇气的锻炼。只有经过失败和风险的磨炼,孩子才会真正勇敢起来。例如,骑马、搏击、潜水、登山、探险、极限生存挑战等,都是孩子锻炼体能和勇气的方式。但是,要想超越感情和精神的极限,就需要大量的时间和人生经验了。

贬损他人并不能抬高自己

一种天性的粗暴，使得一个人对别人没有礼貌，也不知道尊重别人。这是一个村鄙野夫的真实标志，他毫不注意怎么与人相处，怎么尊敬别人，和别人合得来。

詹姆斯·塞尔顿被认为是村上最没有教养的孩子，因为他说话很粗鲁，因而，他经常被人指责。

如果碰到衣着讲究的人，他就会说人家是花花公子；如果碰到穿着破烂的人，他就说人家是叫花子。

一天下午，他和同伴放学回家，刚好碰到一个陌生人从村子里经过。那人衣着朴素，但却非常整洁。他手里拿着一根细木棍，棍的另一端还有一些行李，头上戴着一顶大遮阳的帽子。

很快，詹姆斯打上了这个陌生人的主意。他向同伴挤了一下眼睛，说："看我怎么戏弄他。"他偷偷地走到那人背后，打掉他的大帽子就跑掉了。

那人转过身看了一下，还没等他开口说什么，詹姆斯就已经跑远了。那人捡起帽子戴上，继续赶路。詹姆斯用和上次一样的方法想耍那个人，可是这次他被逮住了。

陌生人怔怔地看着詹姆斯的脸，詹姆斯却趁机挣脱了。一会儿他发现自己又安全了，就开始用石块砸那个陌生人。

当詹姆斯用石块把那人的头砸破后，他感到害怕了，便偷偷摸摸绕过田野，跑回了家。

当他快到家时，妹妹卡罗琳刚好出来碰到他。卡罗琳的手里拿着一条漂亮的金项链，还拿着一些新书。

卡罗琳激动地告诉詹姆斯，几年前离开他们的叔叔回来了，现在就住在他们家里，叔叔还给家里人买了许多漂亮的礼物。为了给哥哥和父亲一个惊喜，他把他的车停在了一里外的一家客栈。

卡罗琳还说，叔叔经过村庄时被几个坏孩子用石块砸伤了眼睛，不过母亲已经给他包扎上了。"你的脸看起来怎么这么苍白？"卡罗琳改变语气问詹姆斯。

詹姆斯告诉她没有什么事，就赶快跑回家，爬到楼上自己的房间，不一会儿，父亲叫他下来见叔叔。詹姆斯站在客厅门口，不敢进来。

母亲问："詹姆斯，你为什么不进来呢？你平常可没有这么害羞呀！看看这块表多漂亮，是你叔叔给你买的。"

詹姆斯羞愧极了，卡罗琳抓住他的手，把他拉到客厅。詹姆斯低着头，用双手捂着脸。

叔叔来到詹姆斯的身旁，亲切地把他的手拿开，说："詹姆斯，你不欢迎叔叔吗？"可是叔叔很快退了回来，说："哥哥，他是你的儿子吗？！他就是在街上砸我的那个坏小孩。"

善良的父亲和母亲知道了事情的原委，既惊讶又难过。虽然叔叔的伤口慢慢地好了，可是父亲却怎么也不让詹姆斯要那块金表，也不给他那些好看的书，因为那些都是叔叔买给他的。

其他的兄弟姐妹都分到了礼物，詹姆斯只得看着他们快乐。他永远也不会忘记这次教训，终于改掉了粗鲁无礼的陋习。

粗鲁无理地对待他人，妄想从贬损他人的行动中抬高自己，那么到头来受到伤害的只能是自己。有礼貌、有教养是每个人都应该遵循的规范之一，粗鲁和莽撞只会让你损失更多。

与其为他守护，不如让他承担

责任心是孩子健全人格的基础，是能力发展的催化剂，是一个人立足于社会、担当重任的重要条件。现在许多孩子不知道要承担责任，却只知道理直气壮地争取权利，这与父母把孩子的利益放在最高的位置，对他们的照顾过于周到有关。孩子小时候所表现出各种主动尝试的愿望，这正是一种责任心的萌芽。家长的责任是密切地关注他们、帮助他们、鼓励他们，在他们尝试的过程中，培养其责任的意识，使其成为独立自主的人，对个人、对社会负责的人。

责任心是孩子健全人格的基础

责任心是孩子健全人格的基础,是能力发展的催化剂。儿童心理学专家认为,一个人专业知识上的缺陷不一定影响他的一生,"条条道路通罗马",但人格上的缺陷将贻害一辈子,而责任感是人格中最重要的因素之一。因此,培养孩子的责任心是父母不能忽略的一个问题。

有个小男孩学习成绩很好,但有一个坏毛病,经常偷同学的铅笔或小玩具。当老师将孩子的不良行为告诉他的父母,并要求家长配合学校一起对孩子进行教育时,竟然遭到了家长的拒绝。那位家长甚至说:"小偷小摸不会影响孩子的,他长大后自然就会改正。再说,他成绩那么好,这些小毛病并不算什么。"

在这位父母的纵容下,小男孩从没有对自己的不良行为有过任何认识。

在他15岁时,有一天,他被警察带走了,原因是他和街头的不良少年一起参与了一起抢劫活动。

假如这个小男孩的父母在他最初犯错误时,就要求他自己负责任,那么后来他是不会走到这一步的。由此可见,培养孩子的责任心是非常重要的。

培养孩子的责任感，就必须让他们养成对自己的行为负责的习惯。当父母教导孩子为自己的行为负责任时，就会给孩子传递这样一个信息：父母认为我有独立处理事情的能力，他们把我当作了一个独立自主、能勇于承担事情后果的人。

培养孩子的责任心，家长要注意以下几点：

1. 责任心的培养要趁"早"

对孩子责任心的培养要抓一个"早"字。其实，孩子在幼儿时期所表现出的一些自主的意愿，如自己挑选衣服，自己吃饭不让大人喂，鞋子要自己穿，小手要自己洗等，都可以说是责任心的萌芽，父母这时要注意给孩子以积极的引导，不要因为担心孩子做不好这些事情而随意剥夺了孩子为自己承担责任的机会，更不要对孩子说"你太小，做不好，别添乱了""听话，你现在还做不好这些事情"等。如果父母在孩子小时一直"代办"这些事情，等孩子稍大时，突然要求孩子对自己的事情负责任，这时孩子一定会感到困惑，因为在孩子的意识里，一直以来所有的责任都是由父母或其他人来承担的，孩子没有承担责任的概念，这时再想改变就很困难了。

2. 让孩子对自己的责任心引以为荣

责任感是人格因素中，最基本而又最重要的因素之一。现代的孩子绝大多数是独生子女，他们受父母和其他长辈的宠爱，自立意识差，依赖性强，尤其是缺乏责任心、责任感。因此，父母应主动告诉孩子责任的意义，让孩子明白自己该做什么、怎样做，否则将会受到哪些惩罚。孩子做事往往是凭兴趣的，要让孩子对某件事负责到底，就必须让孩子对自己的责任心引以为荣。

3. 让孩子对自己的不良行为承担后果

有些父母由于溺爱孩子或其他原因，在孩子犯错误后，不是教育他及时改正，而是帮他掩饰。有些父母认为自己这样做是出于对孩子的爱，其实不然，帮孩子掩饰错误反而会害了孩子，因为孩子没有为自己的不良行为承担后果，长此下去，他就会成为一个没有责任感的人，而缺乏责任感的人，绝不可能成为一个成功的人。

4.让孩子对自己造成的不良后果进行补救

让孩子对自己的某些不良行为进行补救，是培养孩子责任感的一个好方法。如损坏了别人的玩具，一定要让孩子买了赔给人家，即使对方认为损坏的玩具没多少钱，或者不好意思收下孩子的赔偿，父母也应坚持让孩子给予对方补偿，这样可以让孩子知道，谁造成不良后果，就该由谁负责。如稍大的孩子弄脏了地板，就让他自己擦干净。对于年龄在3~5岁的孩子，父母可以帮助孩子擦，但要孩子在旁边看着，或是给孩子一小块抹布，父母耐心地教孩子擦。

责任心，是每个人前进的动力。当人获得成功时，如果想到了责任，就不会骄傲自大，而是会将成功作为新的起点；当遭遇挫折时，想到了责任，就不会气馁，而是继续奋斗，直至成功。

让孩子学会担当

勇于承担责任的孩子，从骨子里流露出了超乎寻常的责任感，他们拥有坚不可摧的力量、奋进不止的拼搏精神。所以，培养优秀的孩子，就应该培养勇于承担责任的孩子。

与其为他守护，不如让他承担

在美国国庆节的前夕，一个11岁的小男孩用某种方式得到了一些禁止燃放的爆竹，其中包括威力很大的掼雷。下午，他来到罗克河大桥旁，背靠桥边的一堵砖墙甩响了一只掼雷。只听一声巨响向云霄传去，小男孩得意极了。一辆汽车驶过来，司机命令他上车。

"爸妈教导我不要上陌生人的车！"小男孩拒绝说。直到司机亮出了警徽，他才听命上车。

到了警察所，他被带去见所长，他认识那位所长，他经常和他父亲一起玩纸牌游戏。当然他希望得到宽大处理，但所长马上给他父亲打电话，把他的劣迹告诉了他父亲。不论交情如何，父亲必须付12.5美元的罚金，这在当时可是一笔数目不小的钱。所长严格执行了禁放爆竹的规定。

事后，父亲知道了事情的原委，并没有因为他年龄小而轻易原谅他，而是板着脸深思老半天不发一言。母亲在旁"开导"，父亲只冷冰冰地对孩子说："家里有钱，但是这回不能给你，你应该对自己所做的事负责。这12.5美元是我暂时借给你的，一年以后必须还我。"

为了还父亲的债，他一边刻苦读书，一边打工挣钱。由于人小力单，重活做不得，便到餐馆洗盘刷碗，或捡破烂，经过半年多的努力，他终于挣足了12.5美元，自豪地交到父亲的手里。父亲欣慰地拍着他的肩膀说："一个能为自己所作所为负责的孩子，将来是有出息的。"

那个小男孩在承担责任中学会了奋斗不止，成年后更是一如既往，后来，他参加了总统竞选，并成功当选，他就是罗纳德·里根。

里根的父亲对孩子的教育的事例告诉我们，家长要培养孩子从小对自己的行为负责任的习惯，只要是孩子独立行为的结果，就要鼓励孩子敢做敢当，不要逃避责任，应该勇于承担后果。

身为家长，就应该像里根的父亲一样，从日常生活做起，时刻注意培养孩子的责任感。

培养孩子承担责任，家长可以从以下几点做起：

1. 让孩子负责自己的事情

教育孩子对他们自己负责，让孩子从小养成自强自立的习惯。让孩子尽可能自己照顾自己的衣食住行，自觉完成家庭作业，信守自己的承诺，到一定年龄时打工挣自己的零花钱等，从小培养孩子的自我独立意识。

2. 让孩子承担家庭责任

教育孩子对自己的家庭负责，让孩子把自己当作家庭所需要的且应该对家庭做出贡献的一名成员看待。父母应该让孩子认识到，作为一名家庭成员，自己和父母一样有责任和义务分担家庭的所有事务和困难，除了自己的事情尽量自己做，如整理好自己的房间、衣物、书籍等，同时还要帮助父母打扫房间、在厨房当帮手、看护弟妹、照管宠物等。

3. 让孩子为自己的团体负责

教育孩子对自己所属的团体负责，让孩子从小学习各类社会角色的扮演，培养团队精神。让孩子与幼儿园小伙伴友好相处，尊重和配合老师的工作，帮助老人等弱势群体解决困难等，鼓励孩子的分享行为和助人行为，提高孩子适应社会的能力。

4. 让孩子对社会负责

让孩子懂得一个对社会有责任感并为之做出贡献的人才是一个真正有成就的人，教育孩子遵守社会公德和秩序，鼓励孩子参加各类有益的志愿工作、义务募捐活动等，为更广泛的社会团体做出贡献，开拓和提升孩子的思想境界。

一个人有无责任心，将决定其生活、家庭、工作、学习的成功和失败。这在人与人的所有关系中也无所不及。我们应当放开手脚,让孩子去承担自己应承担的一切,让孩子成为一个顶天立地的人。

孩子自己的行为,应由孩子自己负责

孩子自己的行为,应由孩子自己负责,孩子的过失更应该由孩子自己负责,这对孩子的成长有重要的影响。

但是,好多家长总是护着自己的孩子,孩子有什么过失,都是自己揽过来帮孩子解决,而不是让孩子自己去负责。

有一天,双双和几个小伙伴在院子里踢足球,一不小心把球踢到了王爷爷家的窗户上。

"啪"的一声,玻璃被球撞了个粉碎。双双怕王爷爷怪自己,赶紧跑回家中去找爸爸。双双的爸爸听了事情的经过后,不以为然地对双双说:"儿子,不要怕,走,爸爸和你去买块玻璃,到王爷爷家说说,再把玻璃给他装上。"

于是,双双的爸爸领着双双买了块玻璃,一起来到王爷爷家。双双的爸爸对王爷爷说:"王大爷,对不起,双双刚才踢足球时不小心把球踢到了您家窗户上,把您家的玻璃打破了,这不,我买了块玻璃来帮您装上。"在爸爸说这些话的时候,双双始终站在爸爸的身后,只露出一个小脑袋,一句话也不说。

只听王爷爷笑着说:"我就说呢,是谁家的调皮鬼把我家的玻璃踢破了,而且球也不要了,原来是双双。双双,不要怕,来,到爷爷这儿来,把球拿去,去玩吧。"听了王爷爷的话,双双看了看爸爸,爸爸说:"双双,快谢谢王爷爷,拿着球玩去吧。"

双双一听,接过王爷爷手中的球就跑了出去,留下爸爸给王爷爷装玻璃。

双双闯了祸后,心里害怕,回家找爸爸解决,可是父亲并没有让孩子自己去道歉。真不知道这样的孩子什么时候才能承担起自己的责任。

家长不要老替孩子承担过失,因为没有任何人可以永远帮助他们,做父母的要让孩子学会为自己的过失负责。

日本著名文化人类学者高桥敷先生在秘鲁一所大学任客座教授期间,曾与一对来自美国的教授夫妇比邻而居。

有一天,这对夫妇的小儿子不小心将足球踢到了高桥先生的家门上,把一块玻璃打碎了。

发生了这样的事情,高桥先生和他的夫人按照东方人的思维习惯,认为那对美国夫妇会很快登门赔礼道歉,然而他们想错了。

在儿子闯祸之后,那对美国教授夫妇根本就没有出现。第二天一大早,那个闯祸的孩子在出租车司机的帮助下送来了一块玻璃。小家伙彬彬有礼地说:"叔叔,对不起。昨天我不留神打碎了您家的玻璃,因为商店已经关门了,所以没能及时赔偿。今天商店一开门,我就去买了这块玻璃。请您收下它,也希望您能原谅我的过失。以后,这种事情再也不会发生了,请您相信我吧。"

理所当然地,高桥夫妇不仅原谅了这个通情达理的孩子,而且自己装上了玻璃，他们很喜欢他，招呼孩子吃了早饭，临走的时候又送给他一袋日本糖果。

在美国的家庭中，如果孩子做错了事情，不管孩子多么小，大多数父母会让他自己承认错误。他们认为，要让孩子从小学会为自己的过失埋单，孩子长大以后，才能勇敢地承担责任，而不是逃避。

据心理学家研究，孩子不敢为自己的过失负责，是因为他们在一定程度上害怕责罚。如果对孩子的过失不是责罚，而是原谅孩子，给他讲明白道理，让孩子不再犯同类的错误，那么孩子是会为自己的过失负责的。在这一点上，我国教育家陶行知就是我们的表率。

有一天，陶行知发现学生王友正用泥块砸自己的同学，他马上制止了王友砸同学的行为，并让他放学后到校长办公室。放学后，陶行知来到校长室时，王友已经等在门口了。陶行知立即掏出一块糖果送给他："这是奖给你的，因为你按时来到这里，我却迟到了。"

当王友惊疑地接过糖果后，陶行知又掏出一块糖果放到他手里："这也是奖给你的，因为我让你不再打人，你就立即不打了，这说明你很尊重我。"

王友迷惑不解，陶行知又掏出第三块糖果，和蔼地说："我调查过了，你砸他们，是因为他们欺负女同学。这说明你很正直，有跟坏人作斗争的勇气！"

王友感动得哭了，他后悔地说："陶校长，您打我两下吧，我错了，我砸的不是坏人，是我的同学呀！"

陶行知满意地笑了，他随即掏出第四块糖果递过去："为你正确地认识了错误，我再奖给你一块糖果……我的糖奖完了，你也可以走了！"

由此可见，对孩子的过失，只要不是一味地责罚，那么孩子是会主动承担责任的。

培养孩子能够对自己的过失负责，家长应该注意以下几点：

1. 孩子的事情让孩子自己做

许多家长喜欢对孩子所有的事情大包大揽，长此以往，不仅使孩子丧失了自己独立做事的能力，而且助长了他们对家长的依赖性，更为严重的是会让孩子失去责任感。

2. 允许孩子有过失

好多家长经常对孩子说"你不能怎么怎么样""你要是把什么怎么样了，看我怎么收拾你"……这在无形中就给了孩子很大的心理压力，不仅丝毫没有减少孩子的过失，反而增加了孩子的过失。孩子形成了有了过失而不敢面对的心理，也不敢和父母说，总是一味逃避。

3. 鼓励孩子面对自己的过失

孩子不敢面对自己的过失，就是因为家长一而再、再而三地吓唬孩子不许有过失。面对孩子的过失，家长要理性地去对待，要鼓励孩子去面对、去负责，这样孩子才不会逃避。

既然孩子做了错事，就让他自己向人家道歉、赔偿损失。这样不仅是为了取得别人的原谅，更重要的是使孩子从小就懂得为自己的言行切实负起责任来，这有助于增强孩子的自律精神、谨言慎行，以便将来独立和全面地承担人生的责任。

给孩子承认错误的机会

调皮是孩子的天性,但不能因此而纵容孩子。有时候孩子因为调皮做了"坏事",遮遮掩掩不愿主动承认,父母也不深究,从而使孩子的这种小毛病一直维持下去,结果只能是让孩子的人性变得残缺。所以,培养孩子,就要培养他们敢于承认错误的品质。

上课铃响了,老师走上讲台,响亮地喊了一声:"上课!""起立!""同学们好!""老师好!"大家坐下来,只有张乐同学依旧站着。"张乐,快坐下!"老师点了一下头,示意他坐下。可张乐仍然没有动,也没有说话,只是生气地望着身边的椅子。大家奇怪地望着他,探头一看,呀!不知是谁搞恶作剧,在他椅子上吐了一口痰。

老师走过来,看了看椅子,脸色都变了。他回到讲台,猛地一拍讲桌,大声问:"这是谁干的?"同学们吓了一跳,谁也没有见过一向和蔼的老师会这样生气。"是谁?主动站起来承认!"老师的声音更高了。教室里静悄悄的,连窗外飞进的一只小虫"嗡嗡"的叫声,都能清晰地听到。老师索性不说话了,在黑板上重重地写了两个字——"是谁",还有一个大大的问号。

这时,坐在张乐旁边的一个女生慢慢地站起来了,几十双眼睛"刷"地向她投去诧异的目光。难道是她——中队长杜鹃?不会,她可是助人为乐的典范呀！老师的得力助手，每次中队会的主持活动都少不了她的身影。她会干出这种事？大家都惊呆了，老师也惊讶得说不出话来。她低着头，怯怯地用沙哑的声音说："对不起，我感冒两天了……我……不是故意的。"说完就离开座位，慢慢地走到张乐的旁边，默默地掏出手绢，弯下腰轻轻地擦去痰迹，又用卫生纸把整个椅子擦了擦。做完这一切，她向张乐点了一下头，满脸歉意。

老师带头鼓掌，全班掌声如雷！

面对老师的大发雷霆，当着全班同学的面，杜鹃勇敢地站起来承认此事的经过。掌声表达了老师和同学们对她的谅解，更是对她处理这件事情的称赞。

培养孩子做"坏事"不遮掩的习惯，家长可以如下去做：

1. 让孩子冷静地反省自己的错误

父母面对做了"坏事"的孩子，可以保持沉默，不理睬他。这时孩子的心里会紧张起来，自己会把犯错的地方重新再思考一遍。这样，给孩子一段时间冷静一下自己的头脑，过些时间再与他交谈，孩子就能坦然接受意见。

2. 对孩子的认错要多鼓励

父母要耐心地教育孩子，让孩子勇于承认错误，当孩子承认错误时，父母要给予奖励，并告诉他绝对不能再干"坏事"了，这样会起到非常好的效果。

休谟说："遇到有承认自己错误的机会，我是最为愿意抓住的，我认为这样一种回到真理和理性的精神，比具有最正确无误的判断还要光荣。"

教育孩子要敢于迎接挑战

自信心强的人勇于承担责任,不会因为事关重大而优柔寡断,不会想着逃避不好的结果而瞻前顾后,因而会保持一贯的果断作风。

有一只叫艾特尔的鸽子王,它是个自信心很强的鸽子,无论什么时候都能够承担鸽王的责任。

有一天,它领着二十几只鸽子去外面觅食。它们来到了一个村庄的上空,发现地上有许多雪白的大米粒。鸽王想:在这人迹罕至的村林里怎么会有这么多的大米呢?这里面一定有秘密。

它对同伴们说:"大家不要贪吃这些大米,贪心是会上当的。"有一只鸽子不听鸽王的话,它说:"永远不应该有疑心,疑心重的人常常吃亏。"听了它的话以后,其他的鸽子都和它一起飞到网下去啄食大米。

结果,除了鸽子王外,其他鸽子都落入了网中。等到大家发现自己已经无路可逃时,只好你看着我,我看着你,唉声叹气,甘心等死。

面对大家的不幸,鸽王并没有逃脱,也没有害怕,它相信自己能想到好办法帮助大家脱困。突然,它灵机一动,对大家说:"团结起来就是力量,只要大家一致行动,就能对付任何强大的敌人。大家不要发愁，一齐往上飞，就能把这张网抬起来，带走。"

大家听了它的话，便一齐使劲，果然把网抬上了天空，跟着鸽子王飞走了。捕鸟人见此情景，只好站在地上干瞪眼。

它们把网抬到了很远很远的地方以后，一只鸽子说："我们怎么能从这张网里逃出去呢？"

鸽王说："别慌，我有一个老鼠朋友，名叫勃格，我带着大家去找它，它有尖利的牙可以咬断这网线，那时大家就自由了。"鸽子们听从了鸽王的意见，抬着网飞到老鼠勃格住的地方。

老鼠一见除了鸽王外其他鸽子都陷在网里，心里很是难过，说："艾特尔鸽王，你这是怎么搞的？"

鸽王简单地叙述了一下，老鼠咬断网线，解救了众鸽子。

老鼠勃格说："常言道：'先顾自己是上策，留得青山在，不怕没柴烧。'你应该先飞走，然后再考虑救不救其他鸽子。"

鸽王说："朋友啊，你应该知道，躯体总有一天会毁灭的，可一个人的责任是永存的。我自己的生命是微不足道的，但我相信自己能救出我的伙伴。"

勃格听了朋友的话非常感动，赞道："你真是伟大的鸽子王！"

鸽王谢过它的朋友，带领着伙伴们，飞上了蓝天。

鸽王是称职的，它并没有自顾自地逃掉，而是勇敢地承担了解救大家的责任。这充分体现了自信和勇于承担责任的伟大。

要想让孩子成为一个遇事不退缩，能够自信地去承担责任的人，就要在平日里培养孩子的自信心，因为孩子的自信心很大一部分取决于日常习惯。

培养孩子自信心的方法，具体如下：

1. 要重视过程而非结果

父母往往最关心的是自己孩子的学习成绩是否比别人强。其实，这个结果并不是最重要的。家长应该看重的是孩子在学习、做事的过程中是否获得了经验，是否能够承担责任，是否掌握了知识和技能。

2. 要设定合乎孩子能力的目标

孩子感受到的过大压力往往是来自于父母的过高期望。父母总是希望自己的孩子更好，这本无可厚非，但是这种美好的愿望一定要建立在孩子能力的范围之内。

每个孩子都会怀有一颗上进的心。为了不让孩子的压力过大，父母应和孩子一起建立一个每一阶段适合的目标。这个目标不能定得太高，超过了孩子能达到的限度，就容易使孩子产生挫败感，丧失信心。当然也不能把目标定得太低，孩子完成得轻而易举，就容易变得轻率和骄傲。

3. 要充分肯定孩子的成功

当孩子考试取得了好成绩，做了好事，或很好地完成了布置的任务时，父母要给予孩子一定的表扬和肯定。每一个人都希望能够得到他人的称赞和肯定，孩子也不例外。对孩子的表扬和肯定是孩子充满自信不断进步的力量源泉。

4. 让孩子迎接挑战

对困难的成功跨越，每一次对自己的肯定，都会增加一份自信。克服困难就是对自己的一次挑战。并不是只有面对惊涛骇浪，才有挑战的意味，对于孩子而言，日常生活中的小事也可以是挑战。比如说洗衣物、倒垃圾、下棋、打篮球……都是挑战。

5. 父母要以身作则

榜样的力量是无穷的。很难想象缺乏自信的家长能培养出自信心十足的子女。父母能够充满希望地看待未来，充满自信，孩子也会深受感染。父母在要求孩子的同时，一定要注意自己的言行，做好孩子的典范。

自信心对人一生的成长都是十分重要的，而人的自信心是从很小的时候就开始萌发的，当孩子使用各种方法来取悦大人、吸引大人的注意和赞美时，自信心就在这一过程中发展了。

给孩子提供承担责任的机会

培养孩子能够承担责任，就应该给孩子承担责任的机会，如果孩子没有机会承担责任，他是永远都学不会承担责任的。

"知心姐姐"卢勤曾讲过这样一个故事：

我朋友的儿子是中学生，过去在家什么事都不关心，一点儿责任感也没有，他的母亲很伤心。几年前，组织上派我的朋友去外地一个城市当市长。

上任离家那一天，他十分郑重地对儿子说："妈妈身体不好，我走后就全靠你照顾了！每天晚上睡觉前请你关好门、关好窗、关好煤气……拜托了！"作为父亲，他的"拜托"让儿子十分诧异，但儿子还是认真地点了点头。

一年后，当他从外地回到家时，妻子激动地告诉他："你走后，儿子突然长大了，懂事了，对我十分关心，尽职尽责，每天晚上按时关门、关窗、关煤气……"

孩子为什么变了？因为父亲给了他承担责任的机会，让他在这个机会中产生了强烈的责任感。

有些父母埋怨孩子没有责任心，其实最主要的原因是父母管得太多了，除了学习，其他什么事情都不让孩子干，这实际上剥夺了孩子承担责任的权利。

作为一个孩子的母亲，要培养孩子的责任意识，当妈妈的不妨表现得弱一些，给孩子创造显示本事的机会。这样不仅会增强孩子的责任感，还会使他内心升腾起一种自豪感。

其实，给孩子提供承担责任的机会，就是给孩子提供解决问题的机会。在日常生活和学习中，孩子会遇到各种各样的问题，做父母的不妨放下手，让他们自己学会解决问题。

幼儿园开展"亲亲一家人"的活动，让每个小朋友带一张全家照，别的小朋友都带了，就小华没有带来，因为小华的照片都放在了乡下的奶奶家，来不及去拿。

小华怕老师会责备他，就央求妈妈跟老师说，妈妈知道如果今天帮了他，那么以后小华还会来找妈妈帮的。所以，妈妈就开始鼓励和引导他，让他自己去跟老师解释。

小华感到妈妈是不会帮他说的了，于是就只好自己走到了老师那里，慢慢吞吞地把情况告诉了老师，老师很快就理解了他的意思，笑眯眯地说："没关系，如果你有时间回去的话，记好了一定要带来给小朋友看，好吗？"小华听见老师这样说，心里可高兴了。

一般情况下，当孩子需要帮助时，妈妈的第一冲动就是想帮助孩子，但是小华的妈妈却没有，她用这件事给孩子提供了一个独立解决自己问题的机会，也让孩子朝勇于承担责任迈出了坚实的一步。

有一对双胞胎兄弟，平日里总是打打闹闹的。

一天，洗手吃点心的时间到了，母亲站在洗手池旁一边观看孩子们洗手，一边交待洗手时应注意的事项。这时，两个孩子争吵了起来，只听老大说："这是我的位置，我要洗手了，走开！"并边说边上前试图挤开正在洗手的老二，而老二也不甘示弱地说："谁说的？这是我的位置！"两个人就这样争来挤去的，看到他们发生了矛盾，母亲正想上前对他们进行谦让教育，后来转念一想：在不存在什么危险性的情况下，干脆看看他们如何怎么做好了。

于是母亲不动声色地在一旁观看着，结果他们争来抢去后，其中一个已洗完了，后面一个很不高兴地继续洗着，并用眼睛瞥了对方一眼。

到了第二天，吃点心的时间又到了，母亲像往常一样站在水池旁边。突然，母亲又听到了老大和老二的对话："弟弟，你先洗，我后洗。""好！"一向喜欢趁洗手时多玩会儿水的老二今天异常迅速地洗完手离开洗手池，并在离开时很友好地对老大说了一句话："现在该你洗啦！"

由此可见，当孩子有问题时，让他们自己去解决可能效果会更好。试想，如果那位家长第一天就上前干涉了，问题马上就可以解决，但是可能就没有了第二天兄弟俩互相商量的场面。

给孩子提供解决问题的机会，家长要注意以下几点：

1. 要相信孩子且耐心等待

要相信孩子的能力，相信他们能行。当孩子遇到困难时，要冷静观察，不要急于插手，而是留给孩子自己解决问题的机会。

2. 抓住时机并适当地给予引导

当孩子的问题没有进展时，父母要灵活地抓住切入的时机，给予引导。这里的引导可以是语言的明确提示，也可以是一个眼神、一个手势、一个表情、一个动作的巧妙暗示。

3. 充分肯定，以增强孩子的信心

孩子如果成功地独自解决了问题，父母要给予他们充分的肯定，此时孩子的心情一定特别愉快，因为他们学会了处理问题的好方法。

让孩子去做自己应做的事情，给他们解决问题、承担责任的机会，他们会在不知不觉中，慢慢学会承担责任，并勇于承担责任。

家庭环境影响孩子的沉稳个性

处事沉稳是一个人情感智慧的重要方面，是一个人能够承担责任的重要条件，更是人的事业获得成功的重要条件。

培养孩子，就要培养孩子沉稳的性格。孩子是否沉稳，家庭环境的影响是第一因素。一个生活在经常吵架、时常充满火气家庭中的孩子，会造成巨大的心理伤害和情感伤害，孩子会在不知不觉中学会父母暴躁的脾气、吵吵闹闹，长大后绝不能沉稳处事。

有一个很聪明的孩子，想象力十分丰富，语言表达能力很强。但是，他的作文总给人一种满篇牢骚、怒火中烧的感觉。写作的题材基本上都是"路见不平，拔刀相助"。这样的孩子将来能沉稳地处事吗？——这个孩子的班主任想。

这个孩子对班主任是十分尊敬的，当班主任提及他的心中怒火时，这个孩子发怒了："你问这个干什么？"说完扭头就走，喊都喊不回来。

一个星期天，他妈妈来找班主任。班主任向她讲了实话。没想到这位母亲竟和她的儿子说出同样的话："你问这个干什么？"并流露出一种强烈的愤怒。

这位班主任慢慢地给她讲了一些培养孩子心理智慧和情感智慧的知识，讲了一些全面塑造孩子心灵的道理，这位母亲才平息了心中的愤怒。这位母亲是一个直性子人，愤怒平息后，她的态度很快就变得友好起来，并毫不隐瞒地讲了实话。

原来，在家里，孩子的父母几乎没有一天不吵架。他们之间没有情感的隔阂，但是，性格都十分火暴，几乎连一句平和的话都很少说，一开口就带有火药味。孩子小的时候，他们一吵架，孩子吓得瞪大眼睛发呆。孩子大点的时候，他们一吵架，孩子就咬着嘴唇愤怒地盯着他们，不说一句话。再大一点的时候，就干脆跑出屋子，几个小时不回家。

这位班主任语重心长地告诉她："为了孩子，要熄灭家庭战火。"过了几天，这个孩子的母亲带着父亲来了，非要班主任把给她讲过的话再讲给她的丈夫听。经过几次接触，孩子的父母的情形有了很大的变化，孩子也似乎变了一个人。

家庭环境对于孩子沉稳性格的形成，有着非常重大的影响。要培养孩子沉稳的性格，父母就要为孩子营造一种平静的心理和情感环境。

诚信，源于父母的正确引导

很多孩子都有一个困惑——为什么大人就可以说谎话，却不允许小孩说谎呢？我们往往会用"善意的谎言"来为自己辩解，但对于孩子而言，善意也好，恶意也罢，那就只是谎言。可以说，孩子的不诚实正是被家长一点点教出来的，很多时候，正是家长的不正确教育和引导，损害了孩子的诚信塑造。

父母说谎，孩子谎话连篇

对于孩子的说谎行为，父母一般都感到非常愤怒，认为说谎是一种不容宽恕的毛病。可是很多父母都不知道说谎的根源往往在父母身上。要孩子不说谎，父母应该从自己做起。

在电影或电视中我们时常看到这样一种镜头，即孩子对母亲或父亲说："你撒谎，你说谎，我不相信你！"当孩子发现父母数次说谎，而失望地发出这种歇斯底里的喊声，确实是一种悲剧。孩子认为父母会撒谎，当然就再也不会听信父母——即使父母这次没有撒谎，父母说的是真实的大实话。

孩子发现父母说谎后之所以感到如此失望和愤恨，是因为做父母的总是教育自己的孩子不要说谎。说谎是一种不道德或不好的行为。不少孩子曾为说谎挨过父母的骂，甚至被打。既然父母要求和教育孩子不要说谎，那么他们自己又为什么要说谎呢？这是因为有时孩子经常缠住父母要这要那，吵闹不休。父母为了安抚孩子，不得已只得用谎话来哄骗他，以换取一时的安静。

在一辆长途客车上有一个5岁的孩子吵嚷着："我的香蕉！"

孩子的母亲怕打扰了周围的乘客，就说："香蕉没有了呀！"

她原想这样可以把孩子哄住，哪知孩子早看到了行李架上的香蕉，坚持嚷道："有！有！"

母亲没有办法只得起身在行李架上摘了一根说：

"吵死了！给你一根，再不准吵了！"

在我们的日常生活中，常有这种时候——孩子无理的要求使父母无法招架，为了暂时安抚孩子，就说"没有那种东西了。"或"你要的没有了！"孩子有时虽然暂时安静了，被哄住了，不吵了，但是后果却是危险的。那就是一旦孩子发现父母说的是假的，父母在说谎，父母在孩子的心目中就会失去权威，孩子就会愈来愈不听话，甚至变本加厉地说谎。

所以，为了正确地教育孩子，当孩子提出他的要求时，父母如果认为孩子的要求不当，应该以理来说服，指出孩子要求的不当之处。比如告诉他，车上这么多乘客，在行李架上取香蕉很不方便，会打扰别人。或者讲清，刚刚才吃过点心和香蕉，现在又吃，会对肠胃不好，待会儿回到家里再吃。这样说清道理，孩子可能也就不会再吵着要香蕉了。

反之，如果你未说清道理，孩子不懂得自己的要求是错误的，就只知道吵着要，而且认为只要吵，父母就会答应，以后就容易胡闹。

同时，父母如果以哄骗或说谎来拒绝、搪塞孩子的要求，反而会使孩子和父母永远无法沟通。一般来说，父母往往不愿在他人面前纠正孩子的行动，只想安抚一下，哄住孩子了事。这是不对的。为了不让孩子养成不良的习惯，无论是否有外人在旁，无论在什么场合都应该纠正孩子的无理要求。

当然，要孩子明了事理确非易事，有时是需要满足孩子的要求的。就以上面所举的吃香蕉为例，父母就只能说，在客车上取香蕉不方便，待会儿到了家我们再吃。

这样，孩子既可以知道父母为什么不接受自己的要求，同时也可以学会控制自己以及与他人和睦相处的方法。

与说谎相近的是父母对孩子作出虚假的承诺，开"空头支票"。开"空头支票"也常是父母在非常情况下用来哄骗孩子的一种手法。

父母被迫说谎是因为父母无法摆脱孩子的无理要求和吵闹；那么父母开空头支票，则常是由于父母对孩子的合理要求无法满足，被迫采用哄骗的手段。我们日常生活中常见的，如父母要孩子做功课，孩子贪玩，不愿做功课。母亲想起儿子曾几次吵着要去动物园，便说："你好好学习，好好做功课，礼拜天我带你到动物园去玩儿。"孩子认真做了功课，可是到礼拜天母亲又不带他去动物园了。

类似的例子："你听话，妈明天给你买玩具。"儿子听话了，第二天母亲变卦了，不给他买新玩具。这样，父母虽然用空头支票哄住了孩子，孩子满足了父母的要求，但是当诺言应兑现时，父母又食言，不履行，这样头一两次还可能哄住孩子听话，第三四次再作许诺，要孩子做什么事时，孩子不但可能不听，而且会说："我不听，我不信你的假话！"

总之，父母要做好孩子的榜样，孩子就会不自觉地效仿父母的言行，因此要求孩子不要做的事，父母首先就不能做。另外，父母对孩子从小就要讲信用，答应了的事，一定要兑现；做不到的事就一定不许诺。这样父母在孩子的心目中就会有威信，在以后培养孩子的过程中，才能对孩子进行有效的教育。

对孩子说话要算话

契约就是双方经过谈判，都表示同意的一种对双方均有约束力的约定，可以是口头的，也可以是书面的。比如孩子们一起玩游戏的时候，大家"约定"的规则就是一种口头契约；一个人要买一处房产，首先要签订合同，这就是一个书面的契约。这个契约里面要有谈好的条件，价格是多少，什么时间入住等都必须写进去。双方必须遵守，不得违反约定。契约的本身带有一种平等的性质，是建立在双方都同意的基础上的。

有些父母常常觉得孩子有许多缺点，比如不喜欢学习、不爱听话、常常跟父母顶嘴、任性、固执、不爱劳动、不关心父母、出门不告诉父母到哪儿去等。而有的孩子又觉得爸爸妈妈说话不算数，答应了条件又变卦取消。在这种情况下，父母子女之间就形成对立的局面。

为了协调双方的行为，可以采用订立契约的方法，这样既可以规范孩子的行为，也可以规范父母的教育方式，因而能够建立起父母与子女之间的一种正常关系。建立这种关系可以培养孩子的公平和公正意识以及遵从正确教导的行为习惯。这种关系一旦建立起来，孩子的很多坏毛病，比如任性、固执、懒惰等，一般都会得到改善。实践证明，很多管不住自己的孩子常常都通过订立条约而解决了很多难以解决的问题。

父母与孩子签订契约的时候，特别是为了矫正孩子比较顽固的不良习惯的时候，父母一定要注意，契约最好是文字性的，内容要切实可行，不要迁就孩子，也不能强迫孩子签订很难实行的"不平等条约"。

签订契约是为了执行。因此，在执行过程中，父母一定要坚持原则，严格检查，做好记录，对孩子所做的事情要进行及时的评价和总结。如果发现契约本身有缺陷或不足之处，有需要改进的地方，父母要和孩子妥善商议，双方同意后及时修改。父母一定要充分发挥监督的作用，执行契约要不折不扣，做到客观公正。孩子只要按照契约做了，父母就一定要履行契约，满足契约上所规定的条件，不能反悔。

这种方法也可以培养孩子的独立意识，让孩子知道，无论做什么事情都要"循规蹈矩"、"照章办事"。父母和孩子订立这样的契约，首先必须放下架子，做到父母与子女之间平等。

使用这种方法，父母必须讲信用，否则孩子会很"伤心"的。北京有一个六年级的女学生在一篇题为《累人的零花钱》的作文中这样写道：

爸爸妈妈说好每个月给我5块钱零花，当时我的心里是很高兴的。可是后来才发现，要把这5块钱"挣"(我实在是只能用这个词了)到真不容易。父母给我这5块钱是有条件的——一个月不迟到早退，做作业不马虎，积极做家务，搞好个人卫生……

这些事情都是应该办到的，可是要百分之百就不是那么容易了。特别是要听"父母的话，父母叫干什么就干什么，不能有半句怨言"，这就太难为人了。

到了星期天，妈妈的话特别多，一会儿叫我干这，一会儿又叫我干那，刚想看一会儿电视，"命令"又下来了："洗碗去！"只要稍微慢半拍，妈妈就会立即说："这个月的零花钱是不是不想要了？！"刚一拿起卡通书，妈妈又发话了："做功课去！"这5块钱对我还是有"诱惑力"的，所以只好"忍气吞声"照办，因为我还想着有这钱去买我早就想得到的东西，比如课外书、文具，还有一块巧克力……

可是我每个月的计划总是落空，因为我实在无法完全达到父母的要求。

特别是昨天，一个月的最后一天，看着这"诱人"的5块钱就要到手了，可是意外的事情还是发生了：我在拉窗帘的时候由于用力过大，把窗帘钩给拉断了。这一下我可犯下了"滔天大罪"，父亲亲自出面，把我整整数落了一个小时，并当场宣布取消我一年的零花钱，因为父亲说修窗帘钩起码要花100块钱。我沮丧极了，自己居然犯了这么大的错误。

今天，修窗帘的工人来了，我在屋里听到爸爸与人家讨价还价，最后以20元钱成交。原来爸爸说的100块钱是为了吓唬我……

我好伤心：不想给我零花钱就直说吧，何必这样转弯抹角，何必找我这么多茬！

这样做到底累不累？我们不敢说这个孩子的话就是"对"的，但是作为父母，对待一个六年级的学生未免太苛刻了吧。设置奖励，就应该让孩子有可能得到。如果获得那奖品的条件高不可攀，对孩子又有什么鼓励作用呢？难怪孩子这样"义愤填膺"，发表"檄文"声讨父母。

有一位母亲说了这样一个故事：

记得在一个星期六的晚上，我们答应儿子在星期天带他去他的好朋友家玩儿，当时儿子高兴得连蹦带跳着喊起来："噢，明天要玩儿去了……"可是到了星期天，因家里有事，尽管我一再给儿子说爸爸、妈妈没空，以后再带你去，儿子仍然很委屈地说："那次你们就说带我去的，这次又骗我……"

看着儿子那失望的眼神，一种难以言状的自责，一种对孩子的愧疚感涌上心头，作为一名幼教工作者，一个母亲，我应守信誉，不能不遵守诺言，于是我对儿子说："好吧，儿子，等妈妈把事办完一定带你去，即使晚点也一定去。"我们在许多场合，经常看到一些跟父母斗气的孩子，就是因为父母的许诺没有兑现。有的孩子会气愤地说："妈妈骗人，爸爸骗人。"

大量的事实证明，为人父母者须切记：做不到的事绝不要乱许诺，平时不要轻易许诺。有的父母为迎合孩子的心理，不论孩子要求什么都一一答应，今天一块巧克力，明天一块棒棒糖。而当许诺不能兑现时，孩子就会认为你说话不算数，对你失去信任和尊敬，渐渐地不听你的许诺，或者模仿着你的样子来对待你，甚至养成说谎的习惯。为培养孩子的优良品格，请父母对孩子也要遵守诺言。

寻找说谎的根源，播撒诚实的种子

很多孩子都可能出现过说谎的行为，可是孩子说谎与成年人说谎是有区别的，父母对此必须注意，应该怎样处理好孩子说谎的不良行为。父母应该注意寻找孩子说谎的根源，播撒诚实的种子，塑造孩子的优秀品质。

孩子在玩耍时，无意中弄坏了东西，或闯了祸怕挨大人的骂，常想把错误掩饰起来。孩子无意中折断了花盆里的花，怕大人发现，他们通常会把折断的花扔掉。打翻了墨水他们会把墨水瓶藏起来，再把洒了墨水的地方用报纸或别的东西盖起来。当父母发现了问他们时："是不是你把花盆里的花折断了？"或者："墨水瓶是不是你打翻的？"孩子联想到挨骂，就会说谎："我没有。"或者："不是我打翻的！"或者："我不知道。"

当然，孩子的这些谎言是很容易被父母识破的。"不是你折断的，家里还能有谁呢？""墨水不是你打翻的，家里还能有谁打翻，还用报纸盖上呢？"

孩子不敢公开承认过失而说谎，这使大人苦恼、痛恨。因为任何一个做父母的都知道说谎是最坏的习惯，是道德所不容的。为小事说谎，虽不值得追究，但可怕的是一旦放过，怕孩子会养成说谎的恶习。所以父母总是从小就教导孩子不要说谎，遇到自己的孩子说谎就非常气愤，总想好好地教训他一下，于是就狠狠地责备、甚至骂，想使孩子惧怕，以后不敢再说谎。

而事实却正好相反，父母责骂得越厉害，孩子因为怕挨骂，一闯了祸或做了什么错事，就又说谎。

有这样一个顽皮的孩子，上课不听课，下课不做功课，结果数学考试次次不及格。父母又要看成绩表，那孩子怕挨骂，就把成绩单的分数涂改成及格，有时实在无法涂改，他就说成绩单丢了。父母一看就知道成绩单的分数是涂改过的，便追根问底，非要问清是多少分，为什么要涂改，或者怎么丢的？父母发现一次责骂一次，但到时候儿子仍然涂改或撒谎说成绩单丢失了。父母气得咬牙切齿，拿儿子毫无办法，而且由对儿子成绩的不满，渐渐转变为对儿子说谎的愤恨。

那么这事发展至此，责任究竟在谁呢？

美国著名儿童心理学家基·诺特分析儿童说谎的原因："说谎是儿童因为害怕说实话会挨骂，而寻求的一个避难所。"这话是很有道理的。

孩子一方面被教导"不要说谎"，另一方面却又会因说实话而受责罚。这种矛盾造成孩子为自卫而说谎。所以，我们也可以说，在通常情况下，是大人给孩子造成了不得不说谎的形势。因而，杜绝孩子说谎的最佳对策是不追究，让孩子消除说实话的顾虑，而自觉地不去说谎。

从上面所举的事例来说，当父母发现孩子折断了花时，可以说："花儿开得好好的，可以供观赏，而且它也是生命，以后再不要折断了。"或者："幸好墨渍渗透得还不多！"这样消除了孩子对因自己做错的事或闯的祸被挨骂的顾虑和惊怕，就不会再说谎，反而会反省："当时应该据实向父母讲清楚，父母会原谅我的。"

幼儿到了三四岁以后，一般都有说谎的行为，导致幼儿说谎的原因是多方面的，但归纳起来，不外乎以下三种。

1. 因害怕训斥、打骂而说谎

幼儿对周围的一切事物都感觉好奇，尤其是家里刚买回来的东西，非要亲自动手拿一拿，仔细看一看，往往一不小心，就会弄坏东西。这时幼儿由于内心紧张而产生恐惧心理，害怕受到父母的训斥和打骂，而不知不觉地开始说谎。

例如：大班的甜甜一次在家中不小心把镜子打破了，妈妈回来后，问镜子是谁打破的，甜甜忙推说是邻居的宁宁打破的。由此可见，幼儿在做错事情以后，内心会受到一种压迫，担心受罚，从而产生恐惧心理，诱发其说谎。

2. 因父母教育不当而说谎

说谎是一种不诚实的行为，发现幼儿说谎时父母应及时教育。但是，有时造成幼儿说谎的原因往往就是平时父母的教育不当。例如，一天，中班的芳芳在幼儿园里拾到1元钱交给妈妈，这位妈妈忙说："妈妈给你买面包吃。"并神秘地对芳芳说，要是老师问起，就说是妈妈给你的钱买的。显而易见，芳芳说谎是受这位妈妈的言行影响。幼儿模仿性很强，父母的不诚实行为不仅会对孩子产生潜移默化的影响，还会在他们的心灵播下自私自利、损人利己的种子。

3. 因有某种愿望而说谎

幼儿时期，孩子心理发育尚未健全，感知事物的能力和成人还有一定的差别。有时，幼儿常会把希望得到的东西当成已经得到的。这是由于孩子的心理活动和思维发展尚不完善，因而产生了"幻想"，并非真的说谎。例如，邻居小孩园园看到小朋友露露在玩小汽车，自己家里明明没有小汽车，却会不假思索地说："我爸爸给我买了好多小汽车，比你的好玩儿。"可以看出，这种说谎恰恰反映了孩子想要小汽车的愿望。他并非真想说谎骗人。这时做父母的不能加以责怪，否则会伤害孩子的自尊心。幼儿口中常说的"我有"或"我也玩儿过"等等，常常不仅是在流露愿望，而且也是在掩饰愿望和克制愿望。

孩子的另一种谎言可称之为"讲故事型"的，其目的是吸引别人的注意。孩子会自己去"创造"事实，甚至到了非常离谱的地步。例如，孩子可能会说他吃了一百个冰淇淋。

这种情况有时是因为孩子失去了对事实的认识控制，也就是说事情的复杂性超过他所能理解的程度，他分不清什么是事实，什么是想象，他也不认为自己说的是谎话。孩子到了四五岁以后就开始会说"白色谎言"，即为了满足自己的需要，达到某种目的而编造谎言。例如，为了逃避上学编造生病的谎言，为了得到"电动车"将考试成绩由 60 分改为 80 分。父母应该关心的，不是谎言本身，而是谎言背后的含义。

从上面几种谎言来看，大部分孩子的谎言其实并不像我们所担心的那样可怕，重要的是应了解谎言下的秘密。当然，如果孩子的谎言说得太多，或者他确实有错误想法时，父母就该特别注意。

对于很小的孩子，如果为了多睡一会儿说自己病了，这不是什么可怕的事情，而是孩子聪明的表现。当然，如果大孩子说这样的谎话，那就是懒汉了。

总之，孩子说谎是时常发生的事情，要想杜绝孩子说谎，养成孩子诚实的习惯虽然至关重要，但确实不易。它要求父母耐心和热情开导，消除孩子对说实话的顾虑。当然，父母也绝不能睁一只眼，闭一只眼，对孩子说谎不闻不问，听之任之，那样又会变成放纵，孩子的谎话只会越说越厉害，直至走上邪路。

教育孩子说真话

一个人是否诚实,最基本的表现就是说真话。只有孩子说真话,父母才能知道他们究竟在想什么,才能适当地给孩子以鼓励、引导、帮助和劝阻、匡正。要是孩子说假话成了习惯,他的行为就会变成当面一套、背后一套,很容易走上犯错误、做坏事甚至违法犯罪的道路。所以,为人父母者一定要教育孩子不撒谎、说真话。

17岁的拉尔夫回到家中,衣服上沾有血迹。母亲看到这一情况后吃了一惊,母性的本能使她迫切想知道发生了什么事儿,但看到拉尔夫那双疲惫的眼睛和沉默的神态,她忍住了,只是把儿子喜欢吃的东西端上了餐桌。吃过晚饭后,拉尔夫回到了自己的房间,母亲端着一杯热奶走了进来。

"亲爱的,我想知道到底发生了什么?"母亲把杯子放在拉尔夫的手中,慈爱而诚恳地说道。拉尔夫选择了沉默,在那一刻他考虑着到底怎样告诉母亲,是直言不讳还是撒谎。最后,母亲平常的教育在他身上发生了效果,他低着头,告诉母亲自己打了群架,并请求母亲原谅。母亲柔声说道:"宝贝,我知道年轻人血气方刚,偶尔冲动也是可以理解的。但你这样做是不对的,希望这样的情况以后不要再发生。不过你对我说了真话,让我非常欣慰。"

人的一生都是在真与假的斗争中度过的，父母要认真引导孩子从小说真话，逐步培养孩子从小说真话的好习惯。这种习惯一旦养成，就会变成巨大的精神力量，成为做人的宗旨，这样的孩子才是最有希望的，将来才可能有出息。

在孩子的成长过程中，父母如果为孩子创造一个能保护和培养孩子说真话的环境，孩子就会自然而然地养成说真话的好习惯，长大后也会成为一个正派、诚实的人，受到人们的欢迎和尊敬。因为一个人只有说真话、相信别人、对生活有信心，才会问心无愧地面对各种事情，也才会得到别人的信任和理解。具体来说，父母可以从以下几个方面努力，培养孩子说真话的好习惯。

1. 为孩子树立说真话的榜样

父母自己首先一定要说真话，为孩子做出榜样，无论在什么情况下都不撒谎、不作假，有什么说什么，说到做到，要让孩子看到父母是怎么做的，并让孩子懂得为什么不能撒谎说假话。有些父母在孩子不高兴或是自己很高兴的时候，常常会"哄"孩子，给孩子开空头支票，许下很多并不准备兑现的诺言。父母也许认为这些都是玩笑话，不必认真，其实这样很容易在孩子心目中留下"爸爸妈妈说话不算数"的坏印象，从而使家庭教育失去基础，因为不被孩子信任的父母是没法教好孩子的。

2. 鼓励孩子说真话

父母是孩子最信得过的人，孩子听到什么事情或是想到什么东西都会统统告诉父母。在这个时候不管孩子说什么，父母都要认真、耐心地听完，即使孩子有些地方说错了，也不要吹胡子瞪眼发脾气，更不要应付、糊弄孩子，而要亲切地跟孩子交谈讨论，说出自己的心里话。如果孩子因为说真话在外面吃了亏，父母应想办法做孩子的思想工作，明确表示支持孩子讲真话，鼓励孩子做一个真诚的人。总之，不论在何时何地都要鼓励孩子说真话，这样才能让孩子把说真话当成一种习惯保留下来，才能成为一个诚实的人。

3. 心平气和地跟孩子讲道理

有些父母对孩子期望值过高，孩子的行为一旦达不到自己的要求，就会严厉训斥甚至拳打脚踢。很多父母认为对孩子严厉是对他们的将来负责，是希望他们能够出人头地，殊不知，这种方式很可能会把孩子"逼"上满口谎言的绝路。在遭到父母无理教训时，很多孩子为了躲避训斥，往往会把一些真实的东西隐瞒起来，而以假话、假情况、假消息应付父母，报喜不报忧。所以，父母对孩子的要求一定要适当，即使孩子确实因自己的原因出了这样那样的差错，比如学习成绩不好、与人打架、乱花钱、不守纪律等，父母也要心平气和地跟孩子讲道理，而不能以泰山压顶的方式粗暴地逼迫孩子，因为"高压"只会带来虚假。

4. 教育孩子每日反省自己

孩子有时并不知道自己所认识的东西是错误的，也未必明白自己做错了事，他们用自己单纯的眼光去看这个世界，用自己天真的头脑去想周围的事物，难免不受到限制。因此，父母要有艺术地教会孩子学会发现错误。这样对孩子循循善诱，才能使他们认清方向、少走弯路、早日成功。

平静地对待孩子的谎言

德国的教育专家多罗特·克雷奇默说过，如果父母能够采用一种平静、镇定、理解的方式对待子女说谎，那么从一开始就可以避免许多谎话和不必要的争辩。孩子有时说谎是因为他们担心受到斥责，或是由于怕羞，不想辜负父母对他们的期望。父母不应该不顾一切地逼迫孩子坦白，否则孩子会编更多的瞎话来自圆其说，那情况就更糟。

克雷奇默认为，孩子说谎是因为对父母不信任。因此，父母应经常向孩子说明并以行动表明，如果孩子做错了什么事，他们是会原谅孩子的，以此杜绝说谎的发生。父母应准备原谅孩子，并帮助他们摆脱困境，即使是孩子伤了父母的心，或者惹父母生气的时候也应该如此。

如果你是三四岁孩子的父母，你可能会很惊讶，天真无邪的孩子居然会说出天衣无缝的谎话，令你十分担忧，觉得孩子的道德出了问题。其实"说谎"是学龄孩子智力发展的一部分。孩子的谎言可以分为几种类型，最常用的一种说谎方式就是"否认"，否认做错的事。否认的目的是为了逃避惩罚。例如自己失手打破了茶杯，却不敢承认，而把责任推给小猫，为的是逃避父母的责骂。事实上，如果这个年龄的孩子不会急忙否认，却静静地等着受罚，那父母才真该担心呢！其实，懂得否认显示孩子的智力发展正常，已经开始了解因果关系。因此，这样的谎言不要把它想成是不诚实的。

研究发现，鼓励是孩子不说谎一种行之有效的方法。

美国第一任总统华盛顿小时候，一次他砍了一棵樱桃树，这棵樱桃树是他父亲很喜欢的，华盛顿不是用谎言来推卸责任，而是勇敢地承认了错误。他的父亲非但没有责骂他，反倒高兴地夸奖他，说他是个诚实的孩子。

父母也可以向华盛顿的父亲学习，让孩子知道，说谎可以免除暂时的惩罚，却会引起别人的反感，给自己的心理增加压力，而勇敢承认错误，诚实做人，才能得到父母和他人的喜欢，才能培养自己的优秀品质。

孩子出现撒谎的问题，父母应该注意：

1. 不要感情用事

孩子能够把自己好的一面向父母报告，如获得了老师的表扬，做作业得了红花等，说明孩子是有上进心和荣誉感的，父母应该及时给予肯定和表扬，但是此时不要喜形于色，夸大事实，过度表扬。父母应该使孩子明白自己这样做是对的，今后还必须继续努力。

当孩子主动向父母承认错误时，说明他知道这样做是不对的，这时父母要善于把握自己的情绪，对孩子讲明白，知错就改是对的，但是，要求孩子今后少犯或者不犯同样类型的错误。如果孩子承认错误时，父母控制不了自己的情绪，大声斥责孩子，甚至动手打孩子，那么就会让孩子感觉，如果不告诉父母，还可以逃避惩罚。通过不断地积累这样的经验，孩子就会慢慢地把自己所犯的错误隐瞒起来。所以，只要孩子讲的是实话，不管犯了多大的错误，父母都应该冷静地对待错误本身，帮助孩子分析犯错误的原因，向孩子讲清楚道理，增加孩子犯错误的免疫力。

2. 要全面了解孩子的情况

遇到孩子报喜不报忧的时候，父母应该主动与老师取得联系，了解孩子在校的表现。如孩子说的与老师不符，也不要急于斥责或打骂孩子，最好的方法是引导孩子自己讲出真相，然后再给孩子讲道理，要让孩子明白无论犯了什么错误都应承认，不能向父母隐瞒。父母应该明白，不犯错误的孩子是没有的，犯了错误只要能够改正，就是好孩子。遇到孩子犯错的情况向孩子发脾气是不对的。

总之，遇到这种情况，父母的态度要冷静，不要紧张。另外，父母要以身作则，说话算数。父母还要为孩子营造一种比较宽松的环境，正确对待孩子偶然的过失，不能让孩子产生过分的心理压力。

教孩子从小学会守时守信

人与人合作的基本前提之一就是要守时守信。守时守信的孩子，别人很愿意与他合作。

宋庆龄是一位有教养的女性，这跟她的家庭教育分不开。宋庆龄的母亲倪桂珍，早年毕业于上海裨文女子高等学堂，同时又接受了西方文化的熏陶，是个贤淑的女性。可以说她对宋庆龄的教育成就了一位伟大的女性。

有一次，宋耀如准备带着全家去朋友家做客，大家都穿好了礼服，马上就要出发了，只有宋庆龄仍在钢琴前弹奏着动听的旋律。母亲喊道："孩子们快走吧，伯伯正等着我们呢！"听到妈妈的喊声，宋庆龄立即合上琴盖，跑出来，拉着妈妈的手就走，刚迈出大门，突然又停住了。

"怎么啦？"一旁的宋耀如看着宋庆龄问。

"今天我不能去伯伯家了！"庆龄着急地说。

"为什么不能去，孩子？"倪桂珍望着女儿不解地问道。

"妈妈，爸爸，我昨天和小珍约好了，今天她来我们家，我教她叠花。"庆龄说。

"我原以为有什么非常重要的事情呢？这小事，以后再教她吧！"父亲说完，拉着庆龄的手就走。

"不行！不行！小珍来了会扑空的，那多不好呀！"庆龄边说边把手从父亲的大手里抽回来。

"那也不要紧呀！回来后你就到小珍家去解释一下，并表示歉意。明天再教她叠花不也可以吗？"妈妈说。

"不！妈妈，您不是常教我要信守诺言，答应了别人的事，怎么可以随意改变呢？"宋庆龄不停地摇着头说。

"我明白了，我们的罗莎蒙黛是一个守信用的孩子，不能言而无信是吗？"妈妈望着庆龄笑了笑，说"好吧，那就让我们的罗莎蒙黛留下吧！"宋耀如夫妇放心不下家中的小庆龄，在客人家吃过中午饭，就提前回到家中。

一进门，宋耀如高声喊道："亲爱的罗莎蒙黛，你的朋友小珍呢？"

宋庆龄回答说："小珍没有来，可能是她临时有什么急事吧！"

"没有来，那我的小罗莎蒙黛一个人在家该多寂寞呀！"倪桂珍心疼地对女儿说。

"不，小珍没有来，家中虽然只有我一个人，但是我仍然很快活，因为我信守了诺言。"

守时守信的孩子更受人欢迎，更容易获得社交的成功。父母可以从以下几方面着手培养孩子的守时守信的品质：

1. 说到做到

父母应该教育孩子对别人要讲信用，负责任，答应别人的事要兑现；如果经过努力仍没有做到，应诚恳地对别人说明原因，并表示歉意。告诉孩子在答应别人之前，要慎重考虑自己有没有能力和把握做到，对不能做到的事，就不要轻易答应；对比较有把握做到的事，应留有余地，不要大包大揽。

2. 培养时间观念

守时就是要求孩子有良好的时间观念，而培养孩子良好的时间观念，养成不拖拉的好习惯，应该从小抓起，让孩子在很小的时候就知时间宝贵，懂得按时作息。同时，要帮助孩子严格遵守时间，如画画游戏、做作业等要按时进行，按时结束。纵使孩子与朋友的约定不是什么大事，也要令其遵守。孩子必能在这些小小的约束中，学习到如何以自己的力量管理自己的行为。久而久之，孩子面对任何事情都会守信践诺，并且认为那是一种自律精神。

3. 及时鼓励

当孩子守时守信时，不管事情多么微小，父母都要及时鼓励褒奖，反之便要加以苛责。要让孩子懂得，在人际交往中的守时既是对对方的重视和尊重，也是约束自己的基本要求，是懂礼貌、有教养、威信高的最直观的表现。

教孩子学会诚实守信

诚实守信的高尚品德，正是社交中赢得人们信赖和尊重，塑造美好社交形象的最重要的条件。真诚是社交的基础。是人类高尚的品质，真诚是社交中最高的美学准则，是社交中最可宝贵的声誉。

只有彼此之间坦诚相待，才能感受到友谊带来的美好感觉。父母不仅要教育孩子诚实守信，也要以身作则，珍惜人与人交往中那份理解的美缘，把握那份珍贵的善缘，与孩子共同成长！

一只青蛙和一只蝎子同时来到河边，它们望着滚滚流水，正思索着如何渡过河去。

这时蝎子开口向青蛙说:"青蛙老弟,不如你背着我,而我也可以为你指引方向,就可以很快到达对岸。"

青蛙说:"我才不傻,背你,搞不好毒针会刺到我,我随时一命呜呼。"

蝎子说:"不会,不会,在河中如果你溺水,那我不也完了吗?"

青蛙一想有道理,就背着蝎子向对岸游去。在河中央青蛙忽感身上一阵刺痛,破口大骂蝎子:"你不是承诺不刺我的吗,为什么背叛诺言?"

蝎子脸不红气不喘毫无悔意地说:"没有办法,这是我的本性啊。"

结果它们双双而死。

蝎子不守诺言,以"这是我的本性"为借口来逃避责任,而最终自己也为之付出了生命的代价。生活中有很多人喜欢许诺。只许诺而从不兑现,到最后连自己也弄不清究竟许了多少诺言了。没人再相信他,甚至因此害了自己。正如蝎子一样,只注意去掩饰自己的过错,为自己的错误找借口,而不是去约束自己。的确,掩饰自己比改变自己容易多了。但很多时候,你要改变自己既成的观念,用"我应该这样"来代替"我本来就这样……"

信守承诺是一笔巨大的财富。没有人能脱离社会独自成功,只有在别人的合作下才能够成功。人与人合作的基本前提就是要遵守诺言。一个遵守诺言的人,别人就愿意与他合作。

如果你养成了一贯履行承诺的习惯,别人会因为你的成熟和富于预见性而倾听你的意见和你的劝告。自身忠诚会赢得信任,不忠诚可以破坏几乎任何为建立高度信任所做出的努力。一个人如果口是心非,就失去了其信任储备。所以,守信用的孩子更受人欢迎。父母可以从以下几方面着手培养孩子的守信。

1. 对人讲信用，说话负责任

告诉孩子答应别人的事一定要兑现，在答应别人之前，要慎重考虑自己有没有能力和把握做到，对不能做到的，就不要轻易答应；对比较有把握做到的，也应留有余地。如果由于特殊原因，经过努力仍没有做到，应诚恳地说明原因，表示歉意。

2. 对孩子守信的事要及时给予鼓励

当孩子守信时，无论事情多渺小，有没有实在意义，父母都要及时鼓励褒奖，反之，则加以纠正、教育。要让孩子明白，在人际交往中守信既是对对方的重视和尊重，也是懂礼貌、有教养、威信高的最直观表现。

3. 告诉孩子不要轻易许诺

有些诺言的确可以轻易实现，也有些诺言虽也可以实现，但却没有足够把握可以达到目标，还有些诺言是根本无法实现的，因为一个人的能力毕竟有限的。一个总爱许诺的人，哪怕只有一次没有守信，他也会被看成是不诚实的人，而不许诺的人，也就永远不会给人以不守信、不诚实的印象。其实有很多东西是不需要诺言的，只要尽力去做，去完成，尽最大的努力去实现。这样会比许任何诺言都来得真实，可靠！

教会孩子真实地表达情感

孩子就像一张洁白的纸，他是不懂欺骗的。但是在孩子成长的过程中，我们经常会看到这样的一幕：

妈妈带着4岁的小红到广场上去玩，小红看到广场上的气球非常兴奋。拉着妈妈的手在那些气球前转来转去。妈妈见小红喜欢，就给她买了一个。回到家后，玩了一会儿，气球就爆了。爸爸回来时，小红向他描述气球的样子。她将小手环成一个大圆圈，把气球的大小夸大了好几倍。妈妈看到小红这个样子，深深地叹了口气。

是啊，孩子是不懂欺骗的，但他会在无意之中欺骗大人。就像小红那样，气球明明很小，但她在向爸爸描述时就夸大了自己的说法。其实，很多孩子都有小红这样的毛病。于是，大人就认为这样的孩子是在说谎。这究竟是不是孩子说谎的一种表现呢？答案是否定的。孩子的这种行为，是他不能实事求是地表达自己的真情实感的一种表现。

孩子为什么不能真实地表达自己的情感呢？这是因为孩子的知识经验不足，辨证思维的发展还不够成熟。辨证思维是一种高级思维，必须通过系统学习，长期亲身实践才能掌握和运用。由于孩子的生活阅历简单，辨证思维的发展不成熟，所以不善于透过纷繁复杂的现象看本质，不善于一分为二地看问题，常常是抓住一点就无限地夸大或缩小，以偏概全，轻率下结论，结果导致错误的认识。还有就是大人的教育不当所致。例如，孩子摔跤了，做父母的往往会说："不要哭，一点都不疼。"父母还会给自己的行为定性为：为了培养孩子的意志。对于这种做法，很多人都持有异议。摔倒的是孩子，疼不疼他最有发言权，他不疼是不会哭的，哭泣是他真实表达情感的方式。经过几次"一点都不疼"的反复训练，孩子的意志并不会坚强，但也许孩子学会了怎样才会得到父母的赞赏。慢慢地，孩子可能就会忽视自己的真实感情的表达，无意间就可能为孩子日后的成长埋下隐患。

教会孩子真实地表达情感对于孩子来说是很重要的。因为我们发现有的孩子是不会表达情感的。当他们遇到委屈时往往采取不当的方法，有的孩子在学校受委屈后，既不跟父母说，也不跟教师说，而是

诚信，源于父母的正确引导

自己找人打架，有的逃学以回避问题，有的自残。父母除了给孩子健康的身体，并没有给他们正确的人生态度，没有教会他们真实的表达方式，这是为什么？

真正的教育是心与心的对话、情与情的对接。我们都懂得这个道理。当我们初为人父母时，我们或许还能拥有一份平和的心态。但随着时间的推移，工作的单调、孩子的差异、分数的"唯我独尊"等，把我们的耐心渐渐地磨蚀掉了。于是，在碰到孩子出问题时，我们总是习惯采取简单武断的处理方法。设想，有多少父母和老师会蹲下身来，聆听孩子发自内心的、真实的心声呢？

对于发生过的事不能据实说明，可能是因为孩子的语言发展还不充分，不能很好描述事实，也可能是因为害怕说实话会招致不利。孩子说话不实事求是可能还有一个原因，那就是这一个阶段的儿童会把自己的想法、向往、希望与现实相混淆，并不是孩子有意识地说谎。针对不同原因，父母要采取不同的方法。对于说谎的，父母要还孩子一个宽松的教育环境，使孩子不必因为说实话而受到惩罚；对于好说大话或把想象与现实混淆的，可以帮助孩子分清哪些是自己做的事情，哪些是自己想出来的。

当发现自己的孩子有这种不良习惯的时候，父母及老师要及时地引导孩子实事求是地观察与判断。这是克服不能实事求是地表达自己的情感的良策。在引导时，要注意以下几点：

1. 教导孩子不要用已有的态度或戴着有色眼镜去认识事物或他人

在认识事物和他人时，应当看到什么，就反映什么，一是一，二是二，既不夸大，也不缩小。

2. 告诫孩子不要受感知的表面性、局部性的影响，不要以情代理，以貌取人

在错综复杂的现象面前，要多问几个为什么，勤于思考，以理办事，以理服人，使孩子对事物或他人的认识客观准确一些，全面透彻一些。

就让我们从现在做起，从各方面去了解孩子、关爱孩子吧！给孩子机会，乐于倾听孩子的话语，并且要耐心、专心、悉心地做孩子的倾听者，不要轻易打断孩子的倾诉，要充分尊重孩子。这样，我们才能听出言中意、弦外音，给我们了解实情并作出恰当的反应留有余地。

教育孩子，作为父母首先要做一个学习者，要时时省察自己的心灵，时时检验自己的行为，父母身体力行是教育孩子最好的模范和榜样。但是我们身为父母有时记得教育孩子，却忘记教育自己。父母需要的是跟孩子一起从零开始成长。

奖励诚实

遇到孩子说谎时，通常父母采取的教育方法，就是给孩子以严厉的惩罚。而儿童心理学家告诉我们，这种教育方法对改正孩子的说谎习惯效果并不好，它只会加深孩子的防卫心理，让孩子继续以说谎的方式掩盖自己的错误。

6岁的明明是个小调皮，经常闯祸。有一天，明明见妈妈不在家，就把妈妈化妆台上的水晶苹果拿出来玩，一不小心就摔碎了。明明很害怕，就把碎片扔进了垃圾筒里。但妈妈回来后还是发现了，她揪着明明的耳朵，问到底是谁弄坏了水晶苹果？明明撒谎说是小猫给踢下来的，可妈妈根本不信，最后明明只好承认是自己干的。妈妈更生气了，她狠狠地打了几下明明的屁股，"看你还敢不敢淘气！知道那是多有意义的纪念品吗？"明明嗓子都哭哑了，他只知道自己因为说了实话被打了，他决定下次再也不和妈妈说实话了！

不要认为严厉的惩罚可以遏制孩子说谎，这样做往往是适得其反的，当你发现你的孩子说谎时，千万不要气恼，甚至不分青红皂白地训斥孩子。尤其是当孩子主动承认错误之后，父母更要给予表扬，肯定他说实话是好的表现，然后指出错误的危害性，让孩子在赞扬声中知错能改。

但有不少父母，却很难做到这一点，往往在孩子说了实话后，知道是孩子做了错事，却控制不住地大发雷霆，甚至把孩子痛打一顿。试想这样对待犯错的孩子，那孩子以后还敢说实话吗？你应该运用"赏善"的手段，让孩子知道，勇敢地承认自己的错误，而不是靠撒谎去掩饰错误，不但不会带来屈辱，还会受到奖励。

查理·梅尔森胆战心惊地站在爸爸面前，而爸爸手里拿着查理的成绩单："说吧！查理，你的数学真的是89分吗？"查理犹豫了一会儿，现在他决定说实话了："不，爸爸！对不起，我改动了成绩单，其实是69分。"查理想，爸爸一定会狠狠地骂我一顿，可是他却听到了爸爸的笑声："好样的，孩子！知错能改就行！你没有继续撒谎，我很高兴。拿着，这是诚实的奖励！"爸爸的手上是一枚闪亮的银币。查理欢呼着接过银币，跑到街上去了。

刚出家门，查理就被伙伴们拉着去打雪仗。

查理攥了一个很大很硬的雪球使劲向皮特掷去，但雪球没砸到皮特，却砸碎了对面的玻璃。因为害怕，就飞快地跑开了。但是没跑多远就停了下来，他决定回去，用自己那唯一的银币来补偿打碎的玻璃。

他按动了门铃，从屋子里出来一位先生，查理说："先生，是我把你家玻璃打碎了，但我并不是故意的，希望您能原谅我。"说着，他把自己那仅有的一枚银币拿了出来，然后把它递给那位先生说："这是我父亲给我的礼物，希望它能够赔偿您的损失。"

这位先生接过了钱说："你还有钱吗？"

查理说："没有了。"

"好，"那位先生说，"你会有更多钱的。不过你能告诉我你家的住址吗？"查理告诉了他。

回家后，当父亲问及他是怎么花那个银币的时候，查理把刚才发生的事情如实地告诉了父亲。父亲笑了起来，他递给查理两枚银币，原来那位先生不但退回了查理的银币，为了奖励查理的诚实，还另外送给他一枚银币。

孩子如同一张白纸，而握在父母手中的那支笔，将决定孩子的一生。在这个故事中，查理的爸爸在儿子说了实话后，原谅了儿子的错误，这使查理认识到，说实话并不可怕，这是完全可以被谅解的，不必说谎。因此当他砸碎了别人的玻璃后，才会主动地去承认错误。看来，遏制孩子说谎的习惯，奖励诚实确实比惩罚撒谎更重要。

另外，教育专家还给出几招，可以帮助父母们培养孩子诚实的品质。

1. 用具体的规则来要求孩子

光讲道理是不足以防止孩子说谎的，教育孩子诚实，必须要有行为规范的具体要求，让孩子从小就按诚实的标准来严格要求自己，自觉养成良好的品质。父母可以针对孩子的实际情况，提出"三不要"的具体要求，即不编瞎话，不讲假话，不谎报成绩等等。

2. 多给孩子一点诚实教育

可以用举实例、讲故事的方法给孩子讲做人不诚实会带来什么恶果，而诚实的品质对人的发展多么重要。要让孩子坚信，弄虚作假、坑蒙拐骗是可耻的行为，必将受到惩罚。教导孩子从小就做一个诚实的人，自己有缺点、错误要勇敢承认，做自我批评，也接受他人批评，绝不隐瞒、造假。这样一来，孩子长大后才能坦坦荡荡、光明磊落地做人。

3. 屡教不改的情况下，应对孩子的撒谎行为进行适当惩戒

在认真耐心地教育之后，孩子仍然出现说谎等行为时，可以采取一定的惩罚措施。这种为"戒"而"罚"，也是爱的基本方式之一，然而这又是一种最令人棘手和带有风险的爱，因为孩子容易抵触施加惩戒的人。但是，如果你的惩戒适度，又执行得合理、巧妙，事后讲清道理，孩子会受益很大，并心悦诚服。当然，对孩子的惩罚，不要严厉到使他甘愿冒险说谎的地步。

惩罚撒谎不过是治标，奖励诚实才是治本，只有让孩子克服做错事的恐惧感，才能让孩子告别说谎的习惯，诚实做人。

用行动教会孩子诚信

父母们常常要求孩子做一个诚实守信的人，因为诚信的品质会对孩子将来的个人发展有极大的影响。为了培养孩子这种高贵的品质，父母们尝试了很多办法：讲道理、严管、劝勉……而教育学家告诉我们，最有效的办法是父母在生活中慢慢用自己的行动教会孩子诚信。

曾参杀猪取信于子的故事在我国广为流传：有一天，曾参的妻子要到集市上去,小儿子哭闹着要跟着去。曾妻戏哄儿子说:"好乖乖,你别哭,你在家里等着,妈妈回来杀猪炒肉给你吃。"儿子听说有肉吃,便答应不随母亲去了。

曾参的妻子从街上回来,只见曾参拿着绳子在捆猪,旁边还放着一把雪亮的尖刀,正在准备杀猪呢!曾参的妻子一见慌了,赶快制止曾参说:"我刚才是同孩子说着玩的,并不是真的要杀猪呀!你怎么当真了?"曾参语重心长地对妻子说:"你要知道孩子是欺骗不得的。孩子小,什么都不懂,只会学父母的样子听父母的教训。今天你要是这样欺骗了孩子,就等于教他说假话和骗别人。再说,今天你要这样欺骗孩子,孩子觉得母亲的话不可靠,以后你再讲什么话,他就不会相信了,对孩子进行教育也就困难了。你说这猪该不该杀呀?"

曾妻听了丈夫的一席话,后悔自己不该和孩子开玩笑,更不该欺骗孩子。既然答应杀猪给孩子吃肉,就该说到做到,取信于孩子。于是她和丈夫一起动手磨刀杀猪,为孩子烧了一锅香喷喷的猪肉。儿子一边吃肉,一边向父母投去了信任和感激的目光。

父母的言行直接感染了孩子。一天晚上,曾参的小儿子刚睡下又突然起来,从枕头下拿起一把竹简向外跑。曾参问他去干什么?孩子说,这是我从朋友那里借来的书简,说好了,今天还,再晚也要还人家,不能言而无信啊!曾参笑着把儿子送出了门。

儿童心理学认为,孩子总会情不自禁地模仿他所看到的一切。而熏陶正是利用孩子的这种心理,让父母以身作则向孩子施加好的影响,这样孩子就会在潜移默化中学会了父母的好品质。比如在这个故事中,曾参为了不给孩子留下"说话不算数"的坏印象,真的把猪杀给孩子吃了,而他的苦心也没有白费,就在曾参杀猪给儿子吃后不久的一个晚上,儿子本已睡下了,突然忆起借了朋友的书简该在当日送还,于

诚信，源于父母的正确引导

是毅然爬起床送还书简，做到了诚信。

英国18世纪著名政治家福克斯的父亲是一个富有的英国人，像许多英国绅士一样，他觉得教给孩子承袭绅士应有的品质，是他义不容辞的责任，就算为此要付出一定代价。

福克斯的家是一座漂亮的花园洋房。在他家的花园里有一座旧亭子，有一天父亲决定将它拆除，然后在另一个开阔的地方重建一座。正巧，这天小福克斯从寄宿学校回家度假，赶上工人在拆迁亭子。福克斯对亭子被拆除的全过程非常感兴趣，为此他打算晚几天回学校。但父亲却不许他耽搁学习在家看这无聊的拆迁过程。为此，父子间颇有不和。这个时候，福克斯的母亲如同大多数母亲那样，永远都是孩子的支持者，所以她便为儿子向丈夫求情。

最后，福克斯的父亲答应将亭子的拆迁推迟到第二年假期。于是，小福克斯心满意足地离家返校了。

福克斯的父亲想，儿子在学校里忙于学习，肯定会慢慢忘记此事。所以，儿子一走，他就命人把亭子拆了，并另盖了一座新的。可没想到福克斯却一直惦记着这件事。假期又到了，刚一回家，福克斯就朝旧亭子走去。回来后，他闷闷不乐地对父亲说："你说话不算数！"

老福克斯听后大为震惊，心想自己纵有万贯家产也不能抵消食言给孩子心灵带来的污点，所以他严肃地对儿子说："儿子，你说得对，我错了，我马上改。诚信比财富更重要。"说罢，这位英国绅士随即让人在原地盖起了一座亭子，再当着孩子的面把它拆除……

这是父亲给福克斯上的最为生动的一课，在少年福克斯心中留下了不可磨灭的印象。而在以后的日子里，老福克斯再也没有对儿子失过信。而后来，成为英国政治家的福克斯更是以其诚信著称。

在孩子的心中，对诚信这两个字的概念还很模糊，孩子是否能做到诚信，除了要靠自身的努力，在很大程度上还取决于父母的行为。因为孩子总是在模仿父母的行为，这种影响是潜移默化的，是在漫长的时间中不自觉地完成的。这就像一片片雪花，它们从空中轻轻飘下，每一片新增加的雪花在雪堆上没有引起人们的感官上的什么变化，然而正是这一片片的雪花的积累，造成了雪崩。重复不断的行为也是如此，日积月累，最终就形成了难以改变的习惯，形成了人的品格，决定了人的善良或邪恶的举动。

父母应从每件小事做起，时刻用诚信的行为影响孩子，让孩子在诚信的氛围内长大，这样孩子就会自然而然地成为诚信的人。

做好孩子的榜样

古人云：君子无信而不立。言而有信、说话算数是君子的标志，也是一种情操。为人讲究诚信是一切人性优点的基础，是立身之本。它能让孩子保持正直、光明磊落、挺直脊梁地做人，还能给孩子以力量和耐力。

孩子是否成为守诚信的人，在很大程度上取决于父母的教育。对于孩子经常出现不履行诺言、言行不一的行为，父母不要把孩子的这种行为，单纯地看成是道德败坏的行为而打骂孩子，应该多从儿童的认识发展上来找原因。

佟伟刚满17岁，个头儿已经和父亲一般高了。他高中毕业，不幸

诚信，源于父母的正确引导

的是，他高考落榜了。也许是因为心里压抑，他想借着一些疯狂的举动来释放这种情绪。于是经常做一些"坏孩子"做的事情。父母都为他忧心忡忡。

这天上午，有个收古董的小贩到他们小区"寻宝"，他和伙伴拦住了这位"寻宝人"，"寻宝人"一副不屑的样子，说："我忙着呢，没时间和你们这群孩子磨牙！"

佟伟哈哈大笑起来说："爷们儿，你怎么知道我们就不卖古董？"

"寻宝人"十二分的怀疑："瞧你们这群毛孩子，能做主卖你们家里的古董？"

这句话搅得佟伟心中火起，他拍着胸脯说："别以为我做不了主呀，今天我们非把古董卖给你不可！"于是他回家把父亲深爱的那件景德镇瓷器拿来了，并充起买卖行家里手的模样，和"寻宝人"讨价还价。

最后他们谈定这件瓷器300元钱，"寻宝人"眉开眼笑一迭声直叫："好好好，我这就付钱给你。"

这时，刚好父亲和母亲从外面回家。一看到那件瓷器，母亲立刻惊叫起来。母亲说："你怎么能卖这件瓷器？"

佟伟不理睬母亲，斜着眼对惊慌失措的"寻宝人"说："给钱吧！"

"寻宝人"迟疑地征询母亲说："这瓷器……还卖吗？"母亲一口回绝。

"卖！"这时父亲从人群后挤过来果断地拍板说，"就按你们刚才说定的价格卖吧。"母亲不解地看着父亲说："300块钱，你卖！？"

"300元？"父亲愣了一下，又转身问佟伟说："这价钱你们刚才说定的？"佟伟这时才知道，刚才自己做了一桩大亏本的买卖，他有些不好意思地说："是300元。"

"寻宝人"这时忙讪笑着对父亲说："如果300元不行，再商量商量，3000元行不行？"父亲叹了口气说："价格是太低了，可是你们刚才已经说定了，怎么能反悔呢？就按你们说定的价钱卖。"

"寻宝人"一愣，但马上就掏出一沓钱数数递给父亲说："就按3000元吧，这是3000元，你数数，你数数。"

父亲把钱推回去说："300元，多一分钱我们也不要，已经说定的，不能说反悔就反悔了。"

"寻宝人"把300元钱递到父亲手里，慌慌张张地赶快走了。

父亲轻轻拍了拍佟伟的肩膀说："你已经17岁了，该是个男子汉了，说出的话就如同泼出去的水，怎么能随便就反悔呢？长大了，就要对自己说出的每一句话、做下的每一件事负责，人不这样，怎么能活成个顶天立地的人呢？"由于自己的过失，造成了几千元损失的佟伟既后悔自己的做法，同时也深深记住了老爸的教诲。

不要觉得你偶尔的一次失信，孩子不会受到伤害就可以随意失信；也不要以为孩子面对失信时的承受力比你想象的要大，更不要忘记孩子有样学样，将来他所做的事有可能就是你的翻版。因此，虽然承诺是每个人都常做的事，可是如果面对孩子，若不能言必信，行必果，就不要轻易做出承诺。

"怎么会有那么严重？孩子哪会记得这些？"很多父母对此不以为然。那么，请看看心理学家的调查，一定会让你感到震惊：只要是孩子喜欢的东西，包括电视节目、书本、玩具以及父母的郊游承诺，孩子起码可以牢记半年以上。

中国青少年研究中心曾做过一个调查，就是在北京、上海等六省市进行了一个针对中小学生学习和生活现状与期望的调查，结果显示，近半数的中小学生最渴望得到父母的信任，最不满父母说话不算数。

在日常生活中，为了引导孩子做某件事或者为了安抚孩子一时的情绪，随口许下诺言但却没有做到的父母更是数不胜数。也许父母并

诚信，源于父母的正确引导

没有在意，可当孩子一次次的失望后，父母在他们心中就会产生"狼来了"的效应，不仅不再信任父母了，恐怕他也无法再接受父母对他的教育了。

心理学家曾说过，许多父母都不能容忍孩子哪怕很小的错误，其实他们不知道孩子的很多错误、缺点都是从父母身上学来的。比如言行不一、虚荣心强、目中无人等，这些看似很小的事，孩子可能都记在了心里。在某些方面，身教比言传更重要。

有些父母在进行家庭教育时，明明要求孩子吃完饭要在房间里学习半小时，结果却每隔几分钟就对孩子进行突击检查；还有的父母要求孩子去买东西，却总担心孩子用剩下的钱买玩具或者零食。其实这些在父母看来最平常不过的行为，却往往容易导致孩子用撒谎来对抗。

前苏联教育家马卡连柯在这方面就非常注意，他坚持认为，对孩子信任可以培养他的诚信。

有一次，马卡连柯派一个学生去取一笔数额不算小的钱，而这个孩子曾被其他人称作小偷。现在马卡连柯却让这个学生去几十里外取一大笔钱。在学校，几乎没人愿意与这位学生来往，因此他非常渴望得到信任。

在接到任务后，他简直不敢相信，他问马卡连柯："校长，如果我取了钱不回来了，你会怎么办呀？"

教育家马卡连柯平静地回答："我相信你是一个诚信的孩子，你会回来的。"

当这位不被其他学生认同的孩子把钱交给马卡连柯的时候，他要求校长当面数一遍，而马卡连柯平静地说："你数过了就行。"

事后，这位学生是这样描述当时的心情的：当我带着钱在路上时，我一直在想，要是有人来袭击我，哪怕有十个人，或者更多，我都会扑上去，用牙咬他们，撕他们，除非他们把我杀死！

马卡连柯就是运用信任的方法，培养了这位学生诚信的品质。因为，只有信任才能换来诚信。因此，父母一定要信任孩子，不要总把孩子当作监视的对象。

教育专家说，父母是孩子人生中第一任老师，父母的一举一动孩子都会去模仿。因此，父母要求孩子不可以做某件事时，自己首先不要做；父母要求孩子对承诺要兑现，那么自己对孩子许下的承诺首先要兑现。如果父母因为某些原因无法实现承诺，也一定要向孩子解释清楚。这样孩子才能对诚信的重要性有一个深刻的印象和理解。

鼓励孩子去"竞",而不是只教他们去"争"

竞争是社会发展的动力,没有竞争也就谈不上进步,人类本身就是在大自然的竞争中"优胜"出来的,所以人天生就有竞争意识。然而,你的竞争心态健康吗?当你在单位被同事超越时,在生意场上被对手打败时,你会不会对竞争对手辱骂、诅咒呢?别以为孩子还小,听不懂这些大人的事情,事实上,他已经从你的身上学会了仇恨超越他的人。部分在竞争中失败的孩子,往往会流露出不高兴的情绪,会对获胜的一方充满敌对情绪,表现为不再和对方交朋友,甚至怂恿别的伙伴孤立他。合格的家长,应该让孩子明白,竞争不应该是狭隘的、自私的,竞争者应具有广阔的胸怀。

别让灰色心理影响孩子

在我们的生活中，有阳光灿烂的一面，也有一些不愉快的阴影，而其中的关键在于一个人如何去认识它们。有的父母在孩子教育上忽视了正面教育，言谈举止中会不知不觉地向孩子灌输一些消极的东西。如有人在工作中遇到一些不快，便把社会、人际关系看得一团糟，认为这也不如意，那也不顺心。用灰色的心理感染孩子，影响孩子，使本该感受到阳光和鲜花的孩子，幼稚的心灵慢慢地蒙上了阴影。在这种家庭环境中长大的孩子多半是性格内向、忧郁多疑、心胸不开阔之人。

对于孩子来说，欣赏别人是对他人的一种肯定、一种理解、一种尊重；欣赏别人，既是一种给予，又是一种沟通、一种祝福。我们应该让孩子懂得，你付出了赞美，这非但不会损伤你的自尊，相反还将收获友谊与合作。同时，欣赏别人，又是一种人格修养。赞美别人的过程，其实也是矫正自己的狭隘自私的过程。

圣诞节临近，美国芝加哥西北郊的帕克里奇镇到处洋溢着喜庆、热烈的节日气氛。

正在读中学的谢丽拿着一叠不久前收到的圣诞贺卡，打算在好朋友希拉里面前炫耀一番。谁知希拉里却拿出了比她多十倍的圣诞贺卡，"你怎么有这么多的朋友？这中间有什么诀窍吗？"谢丽惊奇地问。于是，希拉里讲了下面一个故事：

一个暖洋洋的中午，我和爸爸在郊区公园散步。在那儿，我看见一个样子很滑稽的老太太。天气那么暖和，她却紧裹着一件厚厚的羊绒大衣，脖子上围着一条毛皮围巾，仿佛天上正下着鹅毛大雪似的。我轻轻地拽了一下爸爸的胳膊说："爸爸，您看那位老太太的样子多可笑呀。"当时爸爸的表情显得特别的严肃。他沉默了一会儿说："希拉里，我突然发现你缺少一种本领，你不会欣赏别人。这证明你在与别人的交往中缺少一份真诚和友善。"爸爸接着说："那位老太太穿着大衣，围着围巾，也许是大病初愈，身体还不太舒服。但你看她的表情，她注视着树枝上一朵清香、漂亮的丁香花，表情是那么的生动，你不认为很可爱吗？她渴望春天、喜欢美好的大自然，这是多么美好的感情啊！"

爸爸领着我走到那位老太太面前，微笑着说："夫人，您欣赏春天时的神情真的令人感动，您使春天变得更美好了！"

那位老太太似乎很激动："谢谢，谢谢您！先生。"她说着，便从提包里取出一小袋甜饼递给了我："你真漂亮……"

事后，爸爸对我说："一定要学会真诚地欣赏别人，因为每个人都有值得我们欣赏的优点。当你这样做了，你就会获得很多的朋友。"如果一个人只欣赏自己而发现不了别人的优点，看似孤立别人，实际上是孤立自己；看似提高了自己的身价，实际上是贬低了自己的人格。不欣赏别人的人，往往也得不到别人同样的反馈，失去了许多相互鼓励的机会；不会欣赏别人的人，感情上难以和他人拉近，无法获取他人的帮助和友情；不会欣赏别人的人，感受不到人间的真善美，心中容易被一些不良情绪所笼罩。

要想让我们的孩子成为阳光宝贝，父母首先要有阳光心态。注重从正面引导教育孩子，让孩子多看到生活中积极向上的事物，多看到别人的优点和成绩，多设身处地为他人考虑，以健康的心态看待周围的事物。

小梦要参加"我看交警"征文比赛，她对爸爸说："交警有什么好的，我在路上看到一个交警在推搡了一个三轮车工人。"爸爸认为孩子说的是事实，但这毕竟是个别现象。为了让孩子正确地认识交警，写出交警的闪光点，他在送孩子上学和放学的路上，有意识地引导她去观察身边的交警，让孩子看到，在炎炎烈日或风雨交加的天气，交警是如何坚守岗位，维护交通秩序的。

小梦很快完成了作文，在这个过程中，她受到了教育和启发，慢慢学会了以正确、客观的心态，宽容、善良地对待他人。

要创造美满的生活，健康、积极的心态是首要条件；如果一个人总是看到他人的缺点和社会的死角，他又怎么能够积极热情起来呢？孩子的心灵需要阳光，做父母的，要引导他们以健康的心态看待周围的一切。

正确引导孩子攀比的尺度

攀比是烦恼的根源，那些心态平和、容易满足、不攀不比，安心过自己的日子的人才是最快乐的人。这句话也适用于孩子。生活中很多孩子的烦恼就来自于他们和同学比吃、比穿、比酷……因此，帮助孩子克服爱攀比的思想，也是父母不容忽略的事情。

攀比是一种社会心理现象，是每个人都会有的心理状态，也是任何时代、任何社会都会存在的。可是，不同时代、不同社会的人们攀比内容却有很大不同。面对今天孩子的种种攀比，我们首先应该清楚地区分：

攀比，不一定都是坏事情，问题在于向哪个方向引导；

攀比，有时是不服输的表现，但比吃、比穿、比虚荣，就不足取了；

攀比，和其他事情一样要有个度，过分则只有害处而没有益处；

攀比，如果参照系选择得好，那么孩子越比发展得越快。

攀比不一定都是坏的，当发现孩子有不健康的攀比心理和攀比行为时，家长可以参考以下几点以作应对：

1. 改变攀比的方向

孩子喜欢在生活享受方面向上比，别人买了名牌书包，我也追求；别人有了新式玩具，我也想要。这时，孩子的心理和行为受情绪控制而缺乏理智，不能理解满足人的需求是受一定条件限制的。对待这一类攀比，快速生效的办法，就是调整比的方向，将向上比改为向下比。这也叫做反攀比。

2. 迁移攀比的兴奋点

孩子有攀比心理，说明孩子的内心有竞争的倾向和意识，想达到别人的水平或超越别人。我们要善于抓住这种上进心理，并且改变孩子一味地攀比吃穿、消费的倾向，引导孩子将攀比的兴奋点迁移到学习、能力、毅力、良好习惯等方面。

3. 将今天与昨天比

让孩子今天和昨天比，本周和上周比，这学期和上学期比，从中看到自己的进步，建立孩子的自信心，并在欣赏自己的过程中努力超越他人。这样就能改变孩子习惯于横向攀比而成为纵向自我比较。

4. 将攀比变成动力

当孩子热衷攀比的时候，我们可以引导孩子将攀比变成动力，告诉孩子不是不可以攀比，而是要通过自己的努力，去实现攀比的条件。

攀比不是一无是处，关键是不能盲目攀比，把握尺度最重要，更不能拿自己的短处和别人的长处比。

别让忌妒伤害孩子

忌妒，是一种心病，是一种不健康的心态，不仅大人容易产生这种情绪，孩子也是很可能会产生这种心理的。一旦忌妒之心驻扎在孩子的内心，他们就会害怕别人超过自己，看到别人比自己学习成绩好或者是拥有的比自己多，就会很容易让自己变得内心失去平衡，从而很容易跟小朋友发生口角或者是跟小朋友闹别扭。

一旦孩子开始产生忌妒心理，无论他做什么事情，都会力不从心，久而久之很可能会觉得自己什么也不如别人，从而产生自卑的心理。因此，爸爸妈妈们要时刻关注孩子的内心世界，千万不要让孩子内心萌生忌妒。有忌妒之心的孩子，有的会表现在表面，爸爸妈妈们是很容易看出来的，比如说总是在别人面前挑剔他人的缺点和不足，或者是在对比他强的同学进行造谣中伤。当然，有的孩子是不会轻易表现出自己的忌妒的，他们总是心生忌妒，心里生气。比如一个学生和某同学是很好的朋友，他的学习成绩、能力等都要比自己强一些，他们对自己的好朋友并不想加以攻击，但在内心总是有一点酸楚，因而会

鼓励孩子去"竞"，而不是只教他们去"争"

影响到自己内心的健康。

孩子的心灵本是善良的、健康的，爸爸妈妈们一定要从小培养孩子的善良之心和友爱之心。当孩子的内心充满了善良，怎么可能感受到忌妒呢？孩子的内心变得宽厚之后，怎么可能在意一次的得失呢？爸爸妈妈们要保护孩子健康的心灵，要在适当的时候让孩子知道："山外有山、天外有天、人外有人"的道理。

或许家长会觉得小孩子有一点小忌妒心没什么大不了的，但是如果我们都这么纵容孩子的忌妒心，那么后果是不堪设想的？在我们日常的生活中，孩子忌妒别的小孩的玩具的时候，往往会进行一些小破坏，比如说故意将对方的玩具弄坏等。在这个时候家长应该加以注意了，千万不要让孩子感觉自己这样做是正确的。当然，要想帮助孩子赶走忌妒心也是需要一定的方法。比如说可以让孩子多看一些健康的书籍，或者是让孩子多参加一些积极的活动。当孩子心生忌妒之心时，家长的积极引导是至关重要的。要知道忌妒并不可怕，主要是让孩子把忌妒转化为学习的动力，从而将精力放在努力学习上。

森森已经是上了二年级的小学生了，在班级考试成绩一直是第二名，在他的前面总是有一个叫明明的小朋友，而森森总想当第一名。渐渐地，他心里开始想，如果明明生病了该多好啊，如果那个第一名家里出事了就好了，那个当第一名的人如果是请假就好了，那个叫明明的人如果是休学就好了。

终于有一天明明得了感冒，森森知道这个消息之后，他高兴极了，回家后他对妈妈说："妈妈，我们班第一名今天终于生病了，这太好了！他生病请假了，那么肯定就会耽误学习，这样一来，我就可以超过他了，我就可以成为第一名了。"森森的妈妈听了孩子的话，开始也不觉得有什么不妥，还说："是啊，儿子，我们赶快抓紧时间学吧，这样到月末考试，我儿子一定会成为第一名的。"

真的正如淼淼所想的，因为明明耽误了一个星期的学习，这个月考试自然成了第二名，淼淼成为了第一名，这下可把淼淼高兴坏了。他的妈妈听说孩子考了第一名，高兴地说要给孩子买玩具。但是到了下一个月，明明依然是班级的第一名，淼淼这次又成了第二名。淼淼哭着跑到了家，告诉妈妈说："妈妈，明明抢了我的第一名，他怎么没有继续生病啊？我希望他天天生病，这样第一名就是我的了。"此时此刻，淼淼的妈妈才感觉到孩子的这种思想有些问题，等到孩子的情绪稳定下来之后，妈妈对淼淼说："同学之间要相互友爱，你想要成为第一名是好事情，但是不能期望别的小朋友生病啊。换过来想想，如果第三名的小朋友总是期望你生病，你知道了，该多么伤心难过啊。你要想超过明明，那么就要向明明学习，发现自己学习上到底是哪儿不如他，这样你才能永远做第一名，并且还能够跟明明成为好朋友。"淼淼听了妈妈的话，课后经常跟明明在一起，两个人总是一起学习，淼淼的成绩越来越好，两个人也成为了好朋友。

忌妒之心，人皆有之，当然孩子也会有，这种"负面情绪"几乎是与生俱来的。在现实生活中，有的孩子长到五六岁的时候，忌妒心便会上升。上学以后，有的孩子会因老师表扬同桌而嗤之以鼻，如同淼淼就见不得别人比自己考试考得好。作为家长，应该及时发现孩子的忌妒心理，尽早将孩子的这种心理消灭在萌芽状态中。

家长该如何疏导孩子的忌妒呢？心理专家开出了完整的药方：

首先，预防为主，注意防止儿童过强的忌妒心理的产生。要做到这一点，家长平时要多关心孩子，注意发现她身上的闪光点，及时进行表扬和鼓励。

家长对孩子的表扬，称赞要恰当，不能过分夸大，应该客观，实事求是。要表扬和批评相结合。既要表扬孩子已经取得的成绩，又要指出还存在的不足，以免由于孩子盲目自满而产生"不允许别人超过自己"的心理。

其次，对已经产生忌妒心理的孩子要多做工作。家长可以给孩子讲讲别的小朋友是怎么取得成功的，他们平时是怎么努力的。以防止孩子只看见别人获得奖励，而忽略别人付出的劳动过程，对那种处处要占上风，事事以自己为中心，爱忌妒，不容人的孩子，家长也要严厉批评，使其认识错误，从而奋起直追。

再次，一般的孩子见别的小朋友受到表扬，往往内心里会不太好受，家长此时应该注意进行积极的引导，也就是转移孩子的注意力，用另一种积极的情感来冲淡和代替伤害性的情感。比如，家长陪着孩子聊聊天，用温柔的话语、鼓励的目光，给孩子以暗示，表示自己的希望。

这时，家长绝不能用一些刺激性的语言，"人家怎么能做好，你就做不好，你真笨！""没出息！"等等。因为这时孩子已经是妒火中烧了，再听到这些，无疑于是火上浇油，不但鼓励不成，反而会加重孩子的逆反心理。有忌妒心的孩子，多数有自卑感，没有觉得自己有什么可取的地方，只知道忌妒强者，给自己造成心理上的内耗。

平时，父母还要激发孩子的竞争意识和自强信念，来抵御伤害性情感，确保孩子的精神健康，使孩子保持愉悦的心态，促进孩子完美健全的人格形成和发展。

孩子缺乏自信心往往容易产生忌妒心。家长对孩子的长处要给予由衷的肯定和赞美，即使孩子做错了事，也要善意地指出，让孩子知道怎样做才对。赞扬和理解可使孩子心中充满安全感、满足感和快乐感，大大增加孩子的自信和自尊，使他们心胸变得开阔，大度乐观，也远离了忌妒。

培养孩子宽容的品性

这天,蕾蕾一回到家就开始独个儿呆在沙发上生闷气,嘴里面还不停地嘀咕:"哼,我非和这样的朋友绝交不可!"

爸爸看到蕾蕾这副模样,便走过去询问道:"怎么了?满脸的不高兴?"

蕾蕾回答道:"说起来我就生气,我们班的那个琳琳,居然把我借给她的那盘CD弄坏了,那盘CD可是绝版的,现在有钱也买不到呀!你说气不气人?"

爸爸这才明白了女儿为何如此生气,他慢慢地说道:"琳琳不是你最好的朋友吗?我还记得你上次文艺晚会借了她的鞋子参加表演,后来好像还把人家鞋子的鞋跟给穿断了,对吧?琳琳最后不是丝毫没有责怪你的意思吗?"

蕾蕾被爸爸这么一问,脸突然红了起来:"对呀,琳琳对我很好的。"

爸爸接着说道:"所以,她一定不是故意弄坏你的CD的,说不定她比你还难受呢。孩子,何不宽容一下别人的错误呢?宽容会让你变得快乐,宽容能收获更多的幸福。"

蕾蕾点点头,心想,明天上学的时候,一定要告诉琳琳,自己不生气了……

宽容是一种理解和体谅别人的做法。宽容的人能够对别人不同看法、思想、言论、行为都加以理解和尊重。他们不轻易把自己认为"正确"或者"错误"的东西强加给别人。他们也有不同意别人的观点或者做法的时候，但是他们会尊重别人的选择。所以，爸爸妈妈们在日常生活中就应该注意培养孩子宽容、理解别人的性格，告诉他们每个人都有自己的想法，都有自己的情况，不能把自己认为是对的强加给自己的伙伴们，不能以自我为中心，要求小伙伴们按自己说的去做。不要因为朋友对自己做了一点错事，就去怨恨、报复。

宽容意味理解，不斤斤计较。爸爸妈妈在日常生活中，要教育孩子不能只看到别人的短处，不能看不起别人。比如说，当孩子抱怨："我的那本《格林童话》小红都借了快两星期了，她还不还给我。"爸爸妈妈可以这样回答："没关系，她可能看书比较慢呀，对不对？上次她把网球拍借你玩了那么久呢。你还有很多书可以看呢，别着急呀。"当听到孩子抱怨："我恨死别人了。"爸爸妈妈们要注意了，这是个危险的信号，要适当地开导孩子："为什么呢？"要教导孩子多看看别人的好处，不要把别人的缺点牢记在心里，要宽厚地对待别人。因为只有宽厚待人才能获得别人的爱戴与敬重，才能赢得更多的朋友，才能很好地和别人沟通和交往，才能使人际关系协调。

总之，宽容是交往和沟通的润滑剂，它会让你的孩子在宽松的人际环境里成长，让孩子赢得更轻松！爸爸妈妈们要经常对孩子进行宽容教育，告诉他们，宽容不是软弱畏缩，而是一种默默的克制，是一种无声的等待，是优秀人格的表现。日常生活中难免有冲突和矛盾，你宽容了别人，别人也会宽容你，大家彼此宽容，营造出一种和谐的氛围。在这种氛围中学习，心情该是多么的舒坦，好像走在春天的阳光下。

爸爸妈妈要求孩子对别人宽容，自己也要以身作则，对孩子犯的错误也要适当地给予宽容，对待别人也要宽容，这样会给孩子做出最好的榜样。

为孩子敲响骄傲的警钟

骄傲使人落后，谦虚让人进步。谦虚是一切美德之母。谁真正具有谦虚的美德，谁就更容易获得成功。培养孩子，就要培养谦虚的孩子。

在西方国家，很多父母非常注重培养孩子做人要谦虚的良好道德品质。

爱因斯坦50岁生日时，全世界的报纸都发表了和他有关的文章。在柏林的爱因斯坦住所中，装满了好几篮子从全世界寄来的祝寿的信件。

但是，此时的爱因斯坦却不在自己的住所里，他在几天前就到郊外的一个花匠的农舍里躲了起来。

爱因斯坦9岁的儿子问他："爸爸，您为什么那样有名呢？"

爱因斯坦听了哈哈大笑，他对儿子说："你看，瞎甲虫在球面上爬行的时候，它并不知道它走的路是弯曲的。我呢，正相反，有幸觉察到了这一点。"

爱因斯坦用自己的行动向儿子也向世人证明了这样一句名言："谦虚的人并不希望别人夸奖，尽管人们常常夸奖他。"

外国人非常注重培养孩子做人谦虚的良好道德品质，中国人也如此，"满招损，谦受益"就是培养孩子做人要谦虚的古训。

鼓励孩子去"竞",而不是只教他们去"争"

任何孩子都有值得骄傲的一面,但是产生了骄傲自满的情绪,孩子就会变得不求上进,满足于已取得的成绩。所以家长在培养孩子的时候,要帮助孩子戒除骄傲的恶习。

晓晨是小学二年级的学生,他聪明好学,勤奋向上。在一次朗诵比赛中,他获得了班上的最佳朗诵奖,心里像吃了蜜一样甜。回到家后,他把朗诵稿交给保姆,得意地对她说:"你念一段给我听听,怎么样?"

这个善良的女人拿起朗诵稿,仔细地看了一遍,然后结结巴巴地说:"晓晨,我不认识字。"

晓晨更加得意了,他快速地冲进客厅,得意忘形地对父亲喊道:"爸爸,保姆不识字,可是我这么小,就得了朗诵奖状,这是多么了不起啊。再看看保姆,拿着一本书却不会读,这太可怜了,我不知道她心里是什么滋味。"

父亲皱着眉头看了看晓晨,没有说一句话,他走到书架旁,拿下一本书,递给他说:"你看看这本书,就能体会到她心里的滋味了。"那本书是用法文写的,晓晨一个字也不认识,他的脸涨得通红,手足无措地站在那儿,一句话也说不出来。爸爸仔细地看了看他,然后严肃地说:"没错,保姆不认识字,可是请记住,你不会念法文!"

晓晨永远都不会忘记那次的教训,无论什么时候,只要想在别人面前吹嘘的时候,他就马上提醒自己:"记住,你不会念法文!"

晓晨的父亲,用一本法文书,敲响了晓晨骄傲的警钟,让他懂得了谦虚。如果不是这样,不知道晓晨还会骄傲到什么程度。

培养谦虚的孩子,家长还应该注意以下几点:

1. 让孩子认识到骄傲的危害

父母应该让孩子认识到,骄傲是健康成长的绊脚石,任何成绩的取得都是阶段性的、局部的，只能作为一个起点。在学习上，知识是无边的海洋，如果一时一事暂时领先就忘乎所以，则是知识不够、眼界不宽的表现。父母应有意识地给孩子介绍一些成功者的经验，告诉他们，古今中外凡是有所作为的人大都是在取得成绩后仍能保持谦虚奋进的人。

2. 帮助孩子全面地认识自己

孩子产生骄傲的情绪，往往源于自己某方面的特长和优势，父母应该先针对孩子的这种骄傲作出分析：是学习成绩比较好、有某方面的艺术潜质，还是有运动天赋等，然后应让孩子认识到，他身上的这种优势只不过限定在一个很小的范围内，若放在一个更大范围就会失去这种优势；正确的态度应该是积极进取，而不是骄傲懈怠；优势往往是和不足并存的，应该注意努力弥补自己的不足。

3. 让孩子正确面对批评

正确面对批评和建议是终身的学问。批评往往直指一个人的缺点，如果一个人能够接受批评，他就能够比较清楚地看到自己的缺点。对于孩子来说，他在评论自己的时候经常会出现偏差，原因是"不识庐山真面目，只缘身在此山中"，若能经常虚心听取别人的批评，就能不断充实和完善自己。

盲目骄傲自大的人就像井底之蛙，视野狭窄，自以为是，严重阻碍了自己继续前进的步伐。骄傲是对自己的不全面认识，是盲目乐观，常会让人不思进取。而谦虚则是一种积极的人生态度，它能使人乐观上进。

鼓励孩子去"竞",而不是只教他们去"争"

别把孩子捧上天

教育学家认为,一些孩子自负,是由于受到了过多、过高的表扬,这使他们只看到了自己的优点,却看不到自己的缺点,因此一些信奉赏识教育的家长要注意了,不要无限度地、片面地表扬孩子,偶尔也要给孩子降降温,太多的表扬会让孩子得意忘形的。

下面,我们来看一看德国教育家卡尔·威特的教子方法:

一天,卡尔·威特带着他的儿子到一个朋友家参加聚会,而此时,他的儿子已经因为他的超常智力被广为传播。一位擅长数学的客人抱着怀疑的态度想考考小威特。卡尔·威特答应了,但他要求那位客人不管小威特答得怎样,都不可以过分地表扬自己的儿子。因为老威特认为,自己的儿子受到的赞赏已经太多了,他很担心过分的赞扬会滋长孩子骄傲的情绪。

这位自以为聪明客人一连给小威特出了三道数学题,但小威特的聪明越来越使他感到惊异。

每一道题小威特都能用两种以上不同的方法去完成。此时,客人已不由自主地开始赞扬小威特了,老威特赶紧转移话题,这样客人才想起了两人的约定。

但客人出的题越来越难,并最终走到他也难以驾驭的程度。客人非常兴奋,又拿出更难的题来"难为"小威特:"你再考虑考虑这道题，这道题是一位著名数学家考虑了3天才好不容易做出来。我不敢保证你能做出来。"

那道题是一个农夫想把一块地分给3个儿子，分法是要把它分成3等份，而且每个部分要与整块地形相似，这确实是一道很难的题。

给小威特出完题后，客人就拉着老威特走到走廊里，安慰他说："别担心，你儿子再聪明，那道题也很难做出来，我是为了让你儿子知道世界上还有这样难的题才给他出的。"

可是，没过半小时，就听小威特喊道："做出来了。"

"不可能。"客人说着就走了过去。

但事实不得不让客人赞不绝口地说："真是天才，那么你已胜过大数学家了！"老威特连忙接过话说："您过奖了，由于这半年儿子在学校里听数学课，所以对数学很有心得。"

客人这才领会到老威特的意图，点着头说："是的，是的。"

不要认为卡尔·威特对孩子太严苛，事实上他是非常赞同赏识教育的。只不过他认为，表扬不可过多过高，不能让孩子情绪过热，过多的赞美会让孩子产生错觉，认为自己比任何人都要出色，将来他们就会听不进批评，无法经受挫折。

卡尔·威特给父母们的忠告是：我们不能让孩子在受责备的环境中成长，但是也不能让他们整天生活在赞美里。卡尔·威特是这样说的，也是这样做的，即使小威特学得非常好，他也只是说到"做得不错"的程度，从不表扬过头。只有当小威特取得特别大的成就时，父亲才抱着亲吻他，但这是不常有的。因此，在小威特心目中，父亲的亲吻对他来说是非常可贵的赞扬。通过这种不同程度的表达方式，威特让小威特深深懂得获得赞扬的不易，也因此更加努力学习，而不是沉浸在赞赏声中得意忘形。

还记得《伤仲永》那篇文章吗？据专家们研究发现，不是经过早期教育而是靠天赋产生的神童，往往容易夭折。一些潜质很好的孩子之所以没能如愿地成为人才，正是源于孩子的骄傲自满、狂妄自大。世上再没有比骄傲自大更可怕的了，骄傲自大会毁掉英才和天才。

我们可以看看卡尔·威特写给儿子的一段话："知识能博得人们的赞赏，善行能得到上帝的赞誉。世上没有学问的人是很多的，由于他们自己没知识，所以一见到有知识的人就格外赞赏。然而人们的赞赏是反复无常的，既容易得到也容易失去；而上帝的赞赏是由于你积累了善行才得到的，来之不易，因而是永恒的。所以不要把人们的赞扬放在心上。喜欢听人表扬的人必然得忍受别人的中伤。被人中伤而悲观的人固然愚蠢，稍受表扬就忘乎所以的人更是愚蠢的。"

除此之外，他还不厌其烦地告诫自己的儿子：一个人无论怎样聪明，怎样通晓事理，都不应该骄傲自负，因为他所拥有的知识与奥秘无穷的大自然相比，只不过是九牛之一毛，沧海之一粟。

威特就是用这种方式来教育儿子，以防止他骄傲自满的，尽管这样做要花很大的功夫，但他最终还是获得了圆满的结果。

卡尔·威特做得最好的，也正是现实中的爸爸做得最差的一点，这些爸爸总认为自己的孩子是最聪明的，尤其是知道了赏识教育的重要性后，更是无限度地赞美孩子，比如："孩子，你真是太聪明了！""孩子，你的作文写得真棒！比你爸爸现在写得还要好！"等对孩子滥加表扬。然而当赞美之词成为极为常见的日常用语时，赞美的意义也会随之逊色。过滥的赞美如同甜得过分的糖果，吃多了，就会让孩子生腻。

所以奉劝家长们，对于孩子的赞美一定要就事论事，而赞美优点的同时也要适当泼点冷水——提醒孩子改正缺点，这样做一方面可以促进孩子进步，另一方面又可以防止孩子由于过分顺利而变得自负。

鼓励孩子去发现别人的优点

俗话说："尺有所短，寸有所长。"人各有各的优势，必须以积极、平等的心态对待每一个人，把每一个人都当作重要的人物来看待。对孩子而言，就是要让孩子积极发现每个人的优点和长处，从而做到平等待人。每一个优秀的成功人士，也总是了解别人的长处，做到平等待人的。所以，聪明的父母要鼓励孩子们发现每个伙伴都有自己的优点，每个伙伴都是值得我们尊重的，从而引导孩子平等待人。

小刚是个品学兼优的孩子，是老师眼中的"尖子生"，他几乎是在众人的表扬声中长大的，这样的成长环境不免让孩子养成了高傲的性格。拿同学们的话来说："小刚连走路都是高昂着头的，特别傲气的一个人，他只会和学习成绩优秀的人来往，哼，那些差生是绝对不能成为他的朋友的！"是呀，正如同学们所说，小刚的朋友只会是那些和他一样的"尖子生"。这样一来，小刚在学校里面给人的印象就是"自命清高"。

小刚的爸爸也发现了孩子的这个毛病，他一直想找个机会好好和孩子聊聊，这天，他终于找到合适的切入话题了。

爸爸的一位高中同学从外地来看望小刚全家，这位同学和小刚很投缘，孩子很喜欢这个远道而来的叔叔。那天，全家把那位叔叔送走之后，爸爸和小刚聊了起来：

鼓励孩子去"竞",而不是只教他们去"争"

"你觉得这个叔叔怎样?"

"还用说,太棒了,他知识真是全面,几乎没有他不知道的东西!他原来在学校是不是成绩特好呀?"

"呵呵,你说错了,恰恰相反,他的成绩是全班最差的。因为他只喜欢阅读课外书,对书本没有多大的兴趣,后来,他上了技校,终于找到了自己喜欢的课程,他的那些课外知识在技校里可是大大有用的。"

"是吗?原来叔叔也是差生呀!"

"孩子,不要把差生呀、优等生呀,挂在嘴边,你要知道,每个人都有自己的优点,所以,平时在学校中你可不要'挑剔'朋友哦。尺有所短,寸有所长。每个人身上都有闪光点,你为何不试着和他们相处呢?"

小刚听罢父亲的一番话,觉得有点不好意思了……

培养孩子与他人交往的能力对于他们今后的成长有重要作用。他们是否能够平等待人,在一定程度上决定了他们在以后的交友过程中是否成功,也就决定了孩子将来能否成为一个成功的人。要让孩子认识到每个人都有他的长处,也都有他的短处,都有值得学习的地方,而不要自以为了不起,妄自尊大。

父母在帮助孩子改掉这种不良习惯的时候,要注意说话技巧,如故事里面的父亲就使用了一个生动的例子,让孩子意识到了自己"挑剔朋友"的不当之处,这样,孩子既能很容易地接受父母的建议,也会深深地体会到平等待人的重要性。这样的教育方法是相当成功的。

要让孩子学会平等待人,父母首先要平等对待自己的孩子,要和他们进行平等的交流。很多情况下我们与孩子的交流是不对等的,有时不经意间我们就给了他们不良的暗示:要显示自己的权威最好的办法就是让人服从，服从是值得赞许和表扬的，不服从就是不好的，就是不尊重自己。因此孩子在以后的生活中，是很难做到平等待人的。

所以，父母们不妨经常地鼓励孩子表达自己的意见和看法，与其平等地进行交流。

父母可以定期开一些家庭会议，让孩子也参与其中。家里有什么事情也可以和孩子讲一讲，听听他的看法或意见，鼓励他大胆地说出来，让他意识到自己在整个家庭中的地位和作用。

转变观念，让孩子领导我们

中国家长非常看重自己的权威，在绝大多数家长眼里，"我是老子，你是小子"，做小辈的就只有听话的份儿、被领导的份儿，正是这种根深蒂固的尊卑观念，就像是一把无形的刀，砍伤了孩子自小就有的领导欲望，令他们越发变得软弱无能，其实我们为何不能转变观念，试着让孩子来领导领导我们呢？

别磨灭了孩子那点"小野心"

在小孩的心里，他们觉得爸爸妈妈跟自己一样，怎么爸爸妈妈就可以让自己做这个、做那个，有时还会训自己一顿，这有点不太公平了吧！于是他们就会有点小小的野心，想领导领导爸爸妈妈。

作为家长，当看到自己的小孩有这种想法时，何不尝试着让他来领导领导你呢，体会一下被自己小孩领导的滋味，这样能了解他的一些想法，从而更了解孩子的心理发展特征。比如，你们要去超市购物时，可以让他在前，你推着购物车在后面跟着他，让他自己把想要的东西放进购物车，你只是作为给他推车的人，他在前面告诉你往哪边走。这么小小的一件事，就可以满足他的小野心。所以爸爸妈妈们能满足孩子的"小领导"欲望就尽量地满足，自己可以给他把握尺度。

"人无完人，金无足赤"是我们耳熟能详的一句话，所以当自己的孩子犯了错误时，不要不分青红皂白地上来就是一顿批评。这样不仅起不到好的效果，反而会伤害孩子。每个孩子的心里都住着一个"小领导"，他希望自己的想法被别人认同，希望人们尊重他，更希望人们可以听从于他。

爸爸妈妈跟孩子在一起的时候，可以适当地让他出些小主意，跟着他的想法走。在日常生活中，家长，尤其是爸爸给孩子的印象就是严肃的、不可以触犯的，时不时地还会对孩子说"我是你爹，你是我儿子，我所做的所说的都是为你好，你给我认真听好了，记住了"。这样的话会使叛逆期的孩子叛逆心理更强，如果严重的话可能会出现一些无法控制的严重后果。所以当家长和孩子单独在一起的时候，可以转换一下身份，让孩子来当一回"领导"。两人可以玩互换角色的游戏，孩子当爸爸妈妈，爸爸妈妈当孩子。这样既满足了小孩子当领导的想法，又使家长与孩子之间的感情增进了，何乐而不为呢？

有一些孩子比较腼腆，说话不敢大声，人多时还会脸红，经常跟在同龄人的后面当小跟班，在一起玩时都是事事听别人的，从来不敢把自己的想法说出来，就连遇到自己特别喜欢的东西都不敢去拿，只能要别人选完剩下的。遇到这种情况，家长就应该多多鼓励孩子，让他的自尊心不受伤害，加强他的自信心，证明自己不比别人差。在一些日常小抉择中，家长可以让孩子多说说自己的观点。这样一来，会使他感觉到自己受到关注了，进而也就愿意跟别人分享自己的观点。渐渐地，他也就自己主动做决定，而不再是等着你询问了再回答，这对他的性格发展是很有利的。

●

有一个小名叫甜甜的小男孩，在家里爷爷奶奶都把他放在手心里捧着。在家什么事情都不用他做，都是爷爷奶奶做好的、现成的。他的爸爸相对就比较严肃，甜甜看到爸爸就特别胆小，都不敢跟爸爸撒撒娇他特别崇拜爸爸，觉得爸爸好伟大，家里的每一个人都听他的，好像爸爸的话都是正确的。于是他就想："我能像爸爸那样该多好，那么小朋友们就都听我的了。"

一天放学后，他带着小伙伴来自己家玩，学着爸爸招待朋友的方式来招待小伙伴。小甜甜把小伙伴带到客厅让他们坐好后，把爷爷奶奶从他们房间叫出来，像个小大人一样向爷爷奶奶介绍道："这是我在学校最好的朋友，我今天请他们来咱们家做客，今天就在咱们家吃饭了。爷爷奶奶可不可以拿些糖果给我们呀?"小甜甜还把自己的玩具拿出来跟朋友们一起玩。过了一会儿妈妈下班回来了,甜甜跑到妈妈身边:"妈妈,你下班啦!我今天带了几个好朋友来咱家玩,我想留他们在家吃饭,你给我们做几道好吃的菜好不好?"妈妈满口答应了,便去择菜准备做饭。这时满身疲倦的爸爸回来了,看到甜甜把玩具放一地,到处都是瓜子皮和糖纸,非常生气,于是冲甜甜吼道:"甜甜,你这是干什么,把家里弄得这么乱,让爷爷奶奶给你拿吃的,让妈妈给你做饭,说什么请朋友在家吃饭,你把自己当大爷啦,想捅破天呀?"当时其他小朋友也都在场,小甜甜的脸顿时通红。

从那之后甜甜再没领朋友来过自己家里,每次有小朋友说上甜甜家玩,甜甜都没答应。久而久之,小朋友就不喜欢跟甜甜一起玩了。从此小甜甜的朋友越来越少,他的话也就不如以前多了,常常一个人玩。

甜甜小朋友就是想让自己的好朋友来家里吃吃饭,玩一玩。可是没想到由于自己强烈的领导心里给家里带来了小麻烦,让最疼自己的爷爷奶奶受了累,还让刚下班回来的妈妈做好多菜,最后还被家里严肃的"大领导"爸爸当众批评了自己。其实孩子的自尊心是特别强的,所以家长尽量不要伤害他们的自尊心。如果他想展现一下自己的领导力,就该适当地给予精神上的支持,或者行动上给些建议,千万不要剥夺孩子的领导愿望。在家里可以适当地让他实现自己的领导愿望,这样不但可以满足孩子的精神需求,还可以满足一下他想要发挥领导作用的"小野心"。

在日常生活中,家长们要适当地被孩子"领导",在此过程中应该注意以下事项:

1. 放下身段，悉心教授经验

家长要放下高高在上的架子，悉心认真地跟孩子聊聊，看看他有什么样的想法，再说说自己的想法，让孩子选择哪种方法更好些，这样既满足了他小小的愿望，也树立了他独立的思想。

2. 被"领导"的过程中注意自己的情绪

既然要让小孩子来领导一回自己，家长就需要尽量去配合孩子，彻彻底底地让孩子领导自己。在此过程中，家长要特别注意自己情绪的控制，因为小孩就是小孩，难免会出一些稀奇古怪的想法，希望家长能理解，尽量满足他的想法。

3. 不要盲目地去满足孩子的"小野心"

小孩的认知能力还是有欠缺的，他们不知道到底什么事情这样做是正确的、那样做了会不好，这时候就需要家长来给他们把握尺度了。你可以在游戏完成之后，把你认为不合理的地方解释给自己的孩子听，把不好的和好的地方都讲出来，让他自己来选择，这样可以使他的"小野心"更好地发挥发展下去。

给孩子领导自己的机会

在小孩逐渐长大的过程中，他们也有了自己的想法，就想按照自己的想法去做事情。不管做什么，他们都有自己的理由，作为家长不要去阻止他们，要鼓励，最后再评价和指引。最好是能够让他们单独地完成，而不是什么都要依赖父母，做一个衣来伸手、饭来张口的小王子、小公主。这就需要家长们拿走自己的威严，给孩子们一些领导自己的机会，适时地给他们些小建议就可以了，不要事事亲力亲为地为他们设计好。

孩子也有虚荣心，在很多时候，他们希望爸爸妈妈能够给他们足够的权力，让他们按照自己的意愿去做事情。孩子需要的并不是完全被爸爸妈妈控制，他们也需要自由，让自己的思想自由地发挥，这无疑是孩子内心向往的。很多家长会害怕孩子在学习中出现错误，也害怕孩子在人生道路上走弯路，所以会完全按照自己的思想来安排孩子的生活，认为这样才是对孩子好，认为这样孩子才会有美好的未来，因为自己避免了孩子面对困境。其实不然，这样的结果只能够让孩子感觉自己得不到自由，活在父母的约束之下，这样怎么可能会得到真正的快乐呢？

孩子有孩子的生活和思想，不同年代对于一个人的思想也是有很多不同的要求的。时代在变化和发展，所以说家长的思想不一定适合当前孩子的愿望。对于家长们来讲，自己可能具有相当丰富的经验，但是要知道你所经历的事情不一定适合当下孩子生活的环境，所以说不要将自己的意志强加在孩子身上。孩子需要的是自由地发挥自己的思想，因此，家长们不妨让孩子拥有领导自己的力量，这对孩子的发展才是真正有利的。即便孩子在跟从自己思想的时候会犯错，甚至会出现挫折，对孩子的成长来讲也是十分有利的。毕竟，孩子的成长中必然要经历一定的挫折，只有经历了挫折，孩子才算是成长了。

家长们不可能为孩子铺平一生的道路，既然是这样，那么我们不妨培养孩子的自我意识，也就是领导自己的能力。扼杀孩子的思想，遥控孩子，不如让孩子自己完善自己的思想，在按照孩子自己意愿发展的同时，家长们可以给予指导，但是千万不要完全约束孩子的思想，这样对孩子的成长并不是帮助，而是一种间接地摧残。

现在的学校教育也很注重孩子领导能力的锻炼，在一些学校里，为了加强学生的自理能力，学校会开设一些带有发挥型的课程，让学生自己动手组织进行。在家可以让孩子组织一次家庭小聚会或者自己的生日宴会等。下面我们来看看帅帅小朋友的生日宴会吧。

帅帅是一个特别有主见的小男孩，也是集爸爸、妈妈、爷爷、奶奶宠爱于一身的幸福小宠儿。他每年的生日宴都是由他爸爸一手策划的，但是他7岁的生日是最特别的一个生日宴。这次的生日宴完全由帅帅小朋友自己来组织，爸爸放手不管了。

帅帅有条不紊地将需要的东西、要邀请的小朋友的名单一一写在一张白纸上，拿去让爸爸看了看，并对爸爸说："爸爸，你帮我把邀请函写一下吧。我一会儿给他们送去，咱们两个一起写还快些。"父子俩一起写邀请函，不一会儿，就写完了。帅帅将写好的邀请函亲自送到小朋友家。

在回家的路上，他就想："是不是该有些小节目啊，这样才好玩，才更有意思，大家也可以放松些，只是吃饭有点太无聊了。"于是他快步跑回家，走到书房问爸爸："爸爸，我是不是该准备几个小节目给小朋友看啊？"爸爸想了想道："不错，这是个很好的主意，小朋友既吃得饱，又可以玩得好，不错，我儿子真聪明！"然后帅帅自己去写节目单：第一个节目，自己唱《世上只有妈妈好》，感谢妈妈；第二个节目，远远小朋友的诗歌朗诵；第三个节目，是大家一起参与的一个小游戏；最后一起唱生日歌。

小朋友们都按时地来给帅帅过生日，爸爸拿来水果和糖果给他们吃，妈妈准备着饭菜。大约晚上7点钟，人员都到齐了，帅帅开始自己主持小晚会，节目一一进行。晚会上，小朋友们都积极参与游戏，大家都玩得不亦乐乎，休息片刻后，吃了生日蛋糕和晚餐后，将自己准备的小礼物送给帅帅。又待了会儿，大家就各自回家了，同时感谢帅帅的邀请。

这次宴会中，帅帅的爸爸一直在旁边静静地看着儿子准备的这场宴会，心里别提多高兴了，越来越觉得自己的儿子真是长大了，并跟儿子说："你真棒，爸爸以你为荣！"

这次的宴会帅帅不仅发挥了自己的领导作用，而且还得到了爸爸的认可和鼓励，同时还加深了与小朋友间的友谊，这对他以后的成长是非常有利的。帅帅的爸爸做得就很好，他完全放手让孩子自己去组织、去想办法，既是对他的一次考验，同时还是一种积累经验的过程。现在的小孩子缺的就是锻炼，想法他们多的是，甚至比大人的还要新鲜，也更适合他们所处的年龄段。家长的想法未必是孩子的想法，毕竟所生长的年代不同，从小生活的环境、接触的事物不同。家长要多站在孩子的角度想想，而不是一味地独断专行，既掠夺了孩子的领导力，更是打消了他们的积极性。

孩子在组织领导时，家长需要做些什么呢？

1. 多多提供机会给孩子来实战

多找机会让他们自己去体验，这样得来的结果他们才能记得牢，而且自己亲身经历的才更真实。爸爸妈妈要给孩子机会，让孩子发挥自己的想象力，这样孩子的思想才会更加活跃。

2. 积极配合孩子的安排

爸爸妈妈要尽量参与到孩子组织的活动中，这样才能更准确地掌握他们的心理发展特点。对于被安排的任务，如果不是特别离谱，就要答应并且认真地去履行，这是对他们的一种支持。这个时候爸爸妈妈不妨当一次"小士兵",让孩子好好地领导一下自己,按照孩子的安排去做事情,让孩子有一种成就感,这样更利于开发孩子的思想,完善孩子的自我意识。

3. 不要用过激的语言来评论

对孩子组织的活动要多多鼓励,要批评,要用婉转些的语言进行评论,切勿用带有讽刺的言语,要给他们留点面子。即便孩子做错了,家长们也不要过多地去批评孩子,要和孩子好好分析,让孩子知道自己错在哪里,这样才能够让孩子感受到自己的进步。

树立孩子的带头意识

很多家长都会说:"老师说我家孩子总是表现得不够积极,不管是在运动的时候还是在做游戏的时候,都不敢积极地去表现自我。"其实,孩子的这种不敢表现自己的原因,是因为没有很好的带头意识,所以,家长们应该培养孩子积极的带头意识,让孩子明白只有自己积极地去表现自己,那么才能够让别人认可自己,从而喜欢自己。

其实,孩子的带头意识就是一种勇敢的体现,所以,家长们要培养孩子勇敢的意识,让孩子在做事情之前,敢于打头阵。这并不是要让孩子出风头,而是要让孩子在适当的时候,表现自己的领导能力。

大多数小男孩都喜欢踢足球,说起足球明星的名字头头是道,丁丁小朋友就是足球迷，每到播足球比赛时他都特别积极，提前把作业写完好去看球赛，不管多晚他都一点不落地看完，中间上厕所都是速速解决，都痴迷到这种程度了。他的学习成绩也很好，因为爸爸跟他说过，"一定要把作业认真写完之后才可以看，如果你不想做班级里的尾巴，那就必须好好学习，才可以让别人佩服你。"

丁丁牢牢地记得爸爸的话，从小爸爸就告诉他想让别人尊敬自己，你就必须要尊敬别人，此外还要有能够领导他人的能力。丁丁是学校足球队的队长，他不仅学习好，就连足球踢得也非常棒，有很多小男孩愿意跟他交流足球经验。

然而就在前不久的一次足球比赛中，由于丁丁的一点小失误，导致这场球赛输给了对方。丁丁非常不高兴，由于自己的失误使自己的队友失去了奖励，他觉得对不起队友们，回家后告诉了爸爸。爸爸不紧不慢地对丁丁说："你看你带球过人的技术多棒啊！奔跑速度也很迅速，只要再把射门练习一下就更好了。没事的，我儿子最棒了，打起精神继续努力。"丁丁微笑着说："爸爸，你真好，我还以为你会批评我，说我很笨，连球都射不好。就是连累了队友们，觉得挺不好的，我应该向他们道歉。"爸爸满意地点点头。之后，爸爸还帮助丁丁提高射门技术。

丁丁认识到自己的失误连累了队友，很有大将风范，并没有把责任推到队友身上，还跟他们道歉，这是很不错的做法。当然，爸爸做得也很好，他看儿子输了比赛，并不是训斥他，而是悉心地开导，并告诉他还可以再提高一下，这对丁丁是莫大的安慰。作为家长，要鼓励孩子去打头阵，但是面对孩子的失误，只要给予分析指导就可以了，千万不要批评孩子。

在生活中，爸爸妈妈们要怎么样来培养孩子的带头作用，让孩子拥有敢于面对挫折的勇气呢？

1. 耐心地听孩子讲述带头做事情的全过程

当孩子想要跟你诉说他的挫折时，家长一定要认真听，这样会使受伤的孩子在心灵上得到一丝安慰。孩子心情好了，事情就会变得简单，更利于他们去接受你的建议。当孩子在某一次带头做事情失败之后，家长一定要学会去开导孩子，不要让孩子因为这一次的失败而灰心，更不要让孩子失去这种积极性。

2. 利用逆向思维来开导孩子

爸爸妈妈不可以直接训斥，但是又不可以一味地夸奖，这时你就可以用逆向方式来说教。比如，你可以先把他做得好的地方说一说，这样可以增加他的自信心，增强带头意识，然后再指出需要改进的地方，这样会更好。如果孩子总是不敢带头做事情，那么爸爸妈妈们不妨给孩子增加一些信心，鼓励孩子一下，让孩子增加勇气。

3. 悉心进行有针对性的指导

可以直接指出受挫的地方解释给小孩听，小孩的理解力还是有限的。让他明白，要想别人对自己心服口服，自己必须要值得别人佩服，要与他人建立良好的沟通关系，多多与他们交流，多听取别人的意见，遇事不能畏首畏尾、拖拖拉拉、不敢承担。针对孩子无法克服的缺点，爸爸妈妈们可以针对性地开导孩子，比如说孩子总是容易跟随别人的思想做事情，在这个时候，爸爸妈妈不妨让孩子自己拿主意，然后帮助孩子实现目标，这样孩子自然会感觉到成就感，最终实现自己的目标。

给男孩一个"将军"梦

每个人小时候都有梦想，梦想着自己可以是一位科学家、教师、医生，等等。在很多男孩子的心目中都存有一个将军梦，梦想着有一天自己可以穿上铠甲，骑着高头大马，在战场上指挥一干人马拼杀，英姿飒爽。所以说爸爸妈妈们不妨给孩子实现"将军梦"的机会，让孩子从小就能够勇敢地去面对困境。

从男孩过来的爸爸们也有过梦想当将军的时候，像在好多古装电视剧里面的将军，都是那么的英勇帅气，手下还统领那么多的战士，在战场上指挥战士们作战。看到这些将军能不羡慕吗？现如今的小男孩他们同样都有一个将军梦，他们希望自己可以是那么的威武，指挥几百号的人，享受作战胜利后的喜悦。面对他们的将军梦，家长应该积极支持，多多给他们机会，还可以把自己对将军的理解解释给他们，告诉他们怎样做好"将军"。当然，这样做的目的就是要培养孩子勇敢坚强的意志，同时让孩子变得更加机智多谋。

不一定非得是在战场上作战杀敌的才算得上是将军。爸爸妈妈可以多讲一些与将军有关的故事给自己的小男孩听，让他对将军的身份以及将军的威武有更深刻的理解，从而建立正确的将军梦，不致多走弯路，适当地让他们扮演一下将军，多做些有意义的事情。所谓的"将军"梦其实就是让孩子明白，做事情一定要有足够的智慧，不管是在生活中，还是在真实的战场上，都要具有一定的计谋，这就要求孩子具备机智的头脑。爸爸妈妈要从小培养孩子机智的头脑，让孩子在危急情况下能够做到"临危不乱。"

在生活中，困难时不时地就会来到我们的面前，家长们要想让孩子能够面对突如其来的困难，就得培养孩子勇敢的生活态度，这也是"将军"身上所能够体现的精神。每一个孩子都需要勇敢，不管是战场上的敌人，还是生活中的挫折，都需要用勇敢的心态来面对，因此，对于孩子来讲，拥有将军梦也就能够学到将军们的勇敢。

为了培养孩子勇敢的心态，可以给男孩树立一个"将军"梦，让孩子从小就喜欢上那些勇敢的人物，让孩子知道那些真正的大将军身上拥有的积极方面的精神，比如说正义、英勇、坚强等，这样，孩子自然会模仿这些好的精神，从而渐渐地培养孩子正面的精神因素。这其实是一种很好的办法。

在某小学五年级的一次班级活动中，班里开展了一次角色扮演小舞台剧。这部小音乐剧讲述的是位英勇的将军带领他的士兵，保卫自己民族的故事。剧中的将军沉着冷静，善于作战指挥，他领导的军队节节胜利。而扮演剧中的英勇将军的就是五年级（1）班的班长天意，他不仅学习好，还经常帮助别的同学学习，很具有领导力。

天意小朋友把将军扮得有模有样的，尤其将这位将军的英勇善战，还有他的领导精神表现得淋漓尽致，好像他就是这位将军一样。坐在台下的爸爸看了心里感觉很高兴。在面对敌人的攻击，小天意沉着冷静地安排将士们："你们去守护好我们的粮草，不能让敌人抢了去，其他人分散开隐蔽起来，听我的口令。"说罢带着将士们作战。在作战中，天意还不时地大喊："冲啊，为了我们的民族冲啊，把敌人全部消灭掉。"这个音乐剧以天意将军的作战胜利而结束。

在那次演出之后,天意的爸爸发现自己的孩子比原来勇敢了很多,天意的爸爸说:"记得有一次,我跟他一起出去,看到了一个个头很大的狗,当然大人们知道这是藏獒,而孩子小不知道,吓得他当时就大哭了起来。而现在完全不是这样了,他看到狗之后不但不会害怕,还表现得十分镇静,孩子也变得越来越懂事了。"天意的爸爸说得很兴奋,"记得一次,我问他为什么这么勇敢,没想到他却说自己长大后要当将军,要和将军一样勇敢。"

天意的爸爸又举了一个例子,他说以前儿子从来不敢自己下楼玩,而现在每次都是跟我说一声之后,自己便跑下楼去了,发现孩子长大了不少。

在男孩心目中,自己的爸爸就是一位非常棒的"将军",对于自己的爸爸多是敬仰、佩服,也愿意服从。但是,他们也有叛逆的时候,那就是不听从"将军"爸爸的指挥,自己做"将军"领导别人。而家长应该给孩子一个"将军"梦,因为当孩子有了这个梦想之后,就会效仿那些将军,变得更加坚强和勇敢。就如同小天意一样,他有了"将军"梦之后,变得勇敢了不少,这是爸爸应该感到骄傲的事情。

儿子想要实现自己的"将军"梦,爸爸妈妈需要为他做些什么呢?

1. 做好榜样示范作用

因为儿子都崇拜自己的爸爸,那么爸爸就应该注意自己的言行举止,尽量要将一些好的习惯表现出来。小孩子的模仿能力很强。给男孩树立一个遇事冷静不慌的榜样,合理安排事项,加强逻辑性。此时,爸爸们还应该给孩子进行讲解,让孩子明白那些将军们身上到底具备什么精神,让孩子明白在生活中就可以当一名"将军"。

2. 多用讲故事的方式来让男孩学习

小孩子都对故事比较感兴趣,如果你用硬邦邦的语言来告诉他,他不一定能够很好地理解接受。可以采用讲故事的方式把烦琐的道理清楚明了地讲给他们听。这样更有利于培养他的领导力，更能把他带入这个环境中。让孩子亲身体会一下不是更好嘛。孩子爱听故事，所以用故事来告诉孩子怎么样来实现自己的"将军"梦，不但能够让孩子更加感兴趣，还能够比较直观地让孩子明白勇敢的含义。

3. 游戏中实现小男孩的"将军"梦

按照小男孩的心理发展特征，设计一些符合他年龄段的小游戏，爸爸妈妈一起参与。爸爸妈妈要当士兵，而不是当将军。这样，小男孩才会感受到自己领导别人，受人敬仰的滋味。其实，只要他们可以领导自己的爸爸妈妈就很高兴了，家里的顶梁柱都受自己领导，还有什么他领导不了的？总之，爸爸妈妈要多参与游戏，与孩子一起实现梦想。在游戏的过程中，一定要注意锻炼孩子勇敢的意识，以及让孩子明白所谓的将军梦就是要让他学会将军身上好的气质和精神，学习将军的精神，而不是单纯地要做将军。

告诉孩子，想当领导须先提高自己的能力

每个人的能力都是无限的，只要不断地积累、不断改善，能力会越来越强。不要把一切事情归于运气，运气也是在你具备足够的能力时才出现，并不是凭空出现的。爸爸妈妈一定要告诉自己的孩子，要踏踏实实一点一点地做事，切不可急于求成。

孩子都喜欢当"小领导",但是要领导别人自然要具备一定的领导力,所以说爸爸妈妈们应该学会培养孩子的领导力,让孩子知道具备什么样的能力才能够有权力去领导别人,别人才会听话,这些是家长们应该做出的教导。如果孩子在学校,希望别的小朋友能够按照自己的意愿去做事情,那么就要告诉孩子怎么样才能够让别的小朋友喜欢自己。

孩子年龄还小,很多家长会说:"我家孩子总是希望别的小朋友能听他的,如果别人不按照他的意愿做事情,他就会生气,但是回头想一想,别人为什么要按照你的意愿做事情呢?"其实,孩子并不知道自己的思想是不是正确,他只是希望别人能够听自己的,尤其是对于同龄的孩子,所以说家长在看到孩子因为别人不听他的而生气的时候,千万不要批评,要告诉孩子别人为什么不听他的,告诉孩子怎么样别人才会听他的。

妈妈们都擅长讲故事,东东的妈妈也不例外。而且东东的妈妈特别的注意东东领导能力的提升,她尽量让东东自己的事情自己做,自己能做主的事情自己做主,有时家里的一些小事情还让东东参与,多多发表自己的观点,对于正确的会给予肯定的态度。

东东已经是五年级的学生了,他学习成绩很好,也经常帮助成绩差的学生。东东的妈妈经常告诉他要虚心学习,不会的就要主动地询问,今天的事情必须今天做完,所以东东的能力才会这样高。

学校组织了一场简单的辩论赛,都是由学校学习成绩优秀的学生组成的,这些学生平均分成两组,有正方和反方。东东被分到了反方。各组经过详细的讨论,分出一辩、二辩等。这场辩论赛很激烈。东东更是竭尽所能地为本方作辩,还孜孜不倦地跟队友说"一辩,一会儿你要抓住对方辩词的弊端,二辩,就针对他们的弊端辩论"等等,将辩论安排得井然有序。

但是，最后由于一点小失误，让对方赢得了胜利。他回到家就跟妈妈说："太失败了，怎么输了呢。我安排得那么好，还是让对方赢了，真是的。"妈妈不温不热地说："我觉得挺好的，你看安排得多好啊。你是第一次参加辩论赛，下次会更好的，你要多多锻炼，多多增加自己的知识量。"

从那之后，东东就找各种书籍拿来读以增加自己的知识量。他成了学校辩论小组的队长，队员们都认真听他的分配安排，他的小组取得胜利也越来越多。

从上面的例子中看出，东东为以后的人生奠定了有利的财富，妈妈的谆谆教导更使东东信心百倍，也使他少走了不少的弯路。东东看轻对方实力，高估自己的能力，妈妈看到了这一点并没有训斥，而是说东东参加得少、经验不多，再锻炼就更好了。这就是很好的教育方法，既告诉他的不足之处，又告诉了他应该怎样做，这是我们做家长的应该学习的地方。

当然，孩子的领导能力还有欠缺，他们需要家长的帮助，爸爸妈妈要怎样帮孩子呢？

1. 与孩子共同学习

爸爸妈妈走的路自然比儿子多，经验也较多，但是时代在不停地前进，爸爸妈妈所拥有的经验是自己所处年代积累下来的，它不一定适应于新时代的孩子，所以说家长也要学习，跟自己的孩子一起学习效果则更好。让孩子感受到爸爸妈妈对自己的关怀，在一起学习的过程中，爸爸妈妈还能够给孩子多多的指点，让孩子明白要让别人听自己的，就要怎么去做。

2. 切忌一味奉承，要适当地批评

现在的小孩都是家里的宝贝，大人不舍得说，更别说骂了，这样

容易养成他们骄横跋扈的性格。为了使他们有一个好的性格，所以我们的可以稍稍扮演一回"恶父恶母"，当然不是对他们大骂，只要把语气稍稍加强，严肃指出他们的错误就可以了。当孩子的思想出现偏差的时候，他想要让所有的人听自己的命令，而这个时候他的思想又是错误的时候，家长一定要给予指导，不要任由孩子去做，该批评的时候要给予批评。

3.用英雄故事来激化他的领导力

爸爸妈妈可以找一些英雄人物的历史片让他们观看，通过他们自己的理解来加强认识，也可以让他们把自己的观点说出来，跟大人对比一下，自己独立纠正错误。让孩子从小故事中了解要具备什么样的素质和能力，别人才会遵照自己的意愿去做事情。

4.有意识地培养孩子的全面思维

要想成为一个领导者，必然要有大局意识，不能够只是想到自己的利益。爸爸妈妈要时刻记得培养孩子的大局意识，扩展孩子的大局思维，只有这样，才能够让孩子明白做事情不能只是从自己的角度出发。当孩子明白了这一点的时候，他才可以去领导别人。

5.扩展孩子的阅读面和知识量

知识不仅能够改变一个人的命运，还能够充实一个人的思想。所有说要想让孩子具备领导能力，就要让孩子拥有足够的知识。当自己拥有了足够的知识的时候，孩子才会真正明白领导力的关键所在。

培养孩子的使命感

做人，是一定要有使命感的。一个有使命感的人，往往就会珍惜自己的人生、珍惜生命、珍惜工作、珍惜生活、珍惜自己拥有的一切；相反，如果一个人缺乏使命感，那么他就缺少了做人的内在激情与动力，所以说爸爸妈妈应该从小就开始培养孩子的使命感。

有一些家长会说："我家孩子胆小，从来不敢领导别人，他天生就没有这种使命感。"领导者的使命感并不是天生的，它是后期培养出来的。"父母是孩子最好的老师"，而父爱母爱又是伟大的，爸爸妈妈不光要照顾孩子的饮食起居，更重要的是要教给他们做人的道理。

或许有的家长会问，孩子那么小，他们怎么知道什么是使命感呢？其实，爸爸妈妈担心的不无道理。"使命感"这个词语的含义是有些抽象，很多成年人还不知道这个词语的意思呢，更何况是小孩子呢？因此，在这个时候，爸爸妈妈不妨用最直白的语言来给孩子解释清楚，目的是让孩子明白自己的所作所为是否具有使命感的精神和价值。

一个人来到人世间，是有自己的责任与任务的，所以说孩子应该从小就明白自己在现阶段有什么责任和任务。马克思曾经这样说过："作为确定的人、现实的人，你就有规定，就有使命，就有任务。至于你是否意识到这一点，那是无所谓的。这个任务是由于你的需要及其与现存世界的联系而产生的。"可见对于孩子来讲，他们是摆脱不了对使命感的认知的。

　　刚刚独立性差，都上小学六年级了，洗脸得妈妈把水调好叫他，刷牙妈妈要给他挤好了牙膏递到手里，妈妈的照顾可真是无微不至啊。但是，这么做到底好不好呢，最后会是什么后果呢？

　　正是妈妈的这种无微不至，使刚刚做事情也是没头没尾，毫无责任感。在班里，刚刚的成绩排在前面，还是卫生委员。但是在他当卫生委员的期间，班里的卫生却很差。因为他高兴时会管管，让同学们大扫除一下，每天检查卫生；他要不高兴时，根本就不管，有时教室的垃圾堆成山，一进教室还有股异味，他也不管。总之，他当卫生委员时，都是按照自己的心情来管理，根本不把这当作是他的任务来认真完成。

　　在家他也是这样，一天妈妈做饭时，盐没了，而自己还在锅里熬着粥走不开，就让刚刚帮他出去买。刚刚特别高兴地就去了。妈妈还对刚刚说："刚刚，你买了之后就回来，妈妈炒菜等着用呢！""好的，妈妈你放心。"刚刚走了好一会儿，还没回来，妈妈等着用盐来炒菜，而小卖部就在楼下不用这么长时间的。一会儿，妈妈听到小区广场上有小孩子打闹的声音，从阳台上望了过去，看到刚刚在和小朋友踢足球，他买的盐在一边放着。看来刚刚已经把这件事忘得一干二净了。妈妈下楼把玩得正在兴头的刚刚叫了回来。回来的路上，刚刚一声不吭，还嘟着个小嘴，好像谁欠他钱似的。刚进家门，他就冲妈妈嚷道："妈妈，你干什么啊，我跟小朋友玩得正好呢，你就把我叫回来，我讨厌妈妈。""玩，玩，你就知道玩，这么大了你什么都不会，我交代的事情也做不好，那还能做什么啊？"听了妈妈的话，刚刚很生气，哭着跑到自己房间关上门。

妈妈做好饭后，叫刚刚出来吃饭，刚刚也不吃，还再跟妈妈生气。过了一会儿，妈妈走到刚刚房间："宝贝，怎么生妈妈气了？"刚刚还是嘟着嘴。后来，他跟妈妈说："妈妈，你不应该那样说我。我好歹是个小男子汉，我也要面子的，你那样让我非常没面子。""是吗，妈妈错了，妈妈跟你道歉。"母子二人又和好了。

妈妈和刚刚还聊了会，把刚刚不好的习惯告诉了刚刚。从那之后，刚刚做事善始善终、一丝不苟，还特别具有责任感。

可见，责任感都是后期培养的，爸爸妈妈一定要把孩子的第一节课上好了，切记不要冲他们发火，更不要说伤害他们的话语。家长应该指出孩子存在的缺点，当然这要找准时机，爸爸妈妈自然希望孩子无论在什么时候都能够快乐，而到了适当的时候，希望孩子能够做自己该做的事情，对于自己该做的事情，他们都应该主动地去完成。当然，家长培养孩子的使命感，也不是一朝一夕的事情，所以不能够操之过急。要及时跟孩子沟通，其实，孩子也是比较好沟通的。

在生活中，爸爸妈妈要慢慢加强孩子的使命感，需要注意以下几点。

1. 与孩子之间发生矛盾，爸爸妈妈应该先想办法平复孩子的情绪

谁的责任就由谁来承担，家长错怪了孩子也要主动向他道歉。家长是孩子的榜样，当孩子看到爸爸妈妈都为自己的错误道歉，自己是小孩子就更应该这样做了，这样一来，孩子的肩膀越来越结实，才有责任感。

2. 时常让他做一些力所能及的家务

在交待孩子做一项家务之前，爸爸妈妈要把让他做这件事的缘由解释清楚，采用通俗易懂的语言告诉他，这样他才可以很好地做完。当孩子的任务按时按量完成后，要给予他肯定，进行表扬，这可以培

养他的领导者使命感。家长千万不要心疼孩子,舍不得让孩子做任何事情,要知道,做一些力所能及的事情,不仅能够培养孩子的使命感,也会让孩子感觉到成功的快乐。

3. 告诉他们做任何事都要善始善终

由于小孩子的好奇心强,什么事都想去尝试,往往是新鲜劲过去后,不管做没做完就把事情扔一边,因此爸爸妈妈的任务就加重了,不管交待他做的任务有多么小,只要他做完了就要进行检查,这样才能让他形成做事持之以恒、认真负责的良好习惯。如果孩子做事情不能够善始善终,那么在这个时候就要尽量地督促孩子,让孩子在完成一件事情之后再做另一件事情。

隔离庇护，削弱了孩子的社交本领

  有些父母往往有意无意地为自己的孩子选择朋友，限制孩子的自由交往。当然，父母的用心良苦毋庸置疑，他们担心自己的孩子被别的孩子欺负等。但是，这样做等于父母们代替了孩子的思维，代替了他们分析，代替了他们去和伙伴"算账"，这样做的结果无疑是把自己的孩子推到孤立的地位，而且使孩子产生依赖性，觉得有父母的坚强后盾，有什么问题都可以躲到父母身后，寻求庇护。这于孩子日后交友是极为不利的。

孩子需要有自己的朋友

父母们都盼望孩子健康成长，但是，孩子怎样能成长得好呢？留心一下，我们会发现一个规律：孩子与同伴和谐相处，就平安健康，孩子没有朋友则容易发生问题。

小慈在日记上写道：

今天，妈妈参加了我们班的家长会。

刚回到家，她便递给了我一个小本子，那上面记着我这次考试的成绩和名次，还记下了班里前十名的名单及成绩。忽然，我看到了我最好的朋友玲玲的名字，写在小本子显眼的地方，倒数第一，283分。妈妈为什么要记这个？我正疑惑着，妈妈开口了：仔细看看你那个什么最好的朋友的分数，成绩那么差，你还整天和这种人在一起？原来这就是妈妈记我好朋友的成绩的原因。我有一种极不舒服的感觉，"她的成绩差，并不代表她人不好，这跟与她做不做朋友没有什么关系。"可妈妈却不这样认为，她依旧坚持："关系大了，不准和这种差生在一起！无论如何，你不能和她来往了！你看看她那个分数，你以后会被她影响的！"妈妈张大嘴巴嚷着。"我不会的，不会受她的影响的！"我为我好友抱不平，"她不是坏孩子，她虽然学习不好，可她人不坏，她很善良，待人友好，她是我的好朋友。"我继续和妈妈争辩。就这样，争得面红耳赤，我仍坚持着自己的立场，妈妈也一直坚持不许我

隔离庇护，削弱了孩子的社交本领

们来往。我觉得很委屈，我的朋友更委屈。我看和妈妈无法沟通，便不再理会，径直走进自己的小屋，把门反锁起来。

我躺在床上，看着我与好朋友玲玲的照片：两个姐妹般亲密无间的女孩搂在一起开心地笑着。我却无法想象妈妈对我们的不理解。也许，在她眼中只有学习好的才是好学生，而且和学习不好的同学在一起就一定会变差。可能，这就是妈妈所说的什么"近朱者赤，近墨者黑"的道理吧。可是，我与玲玲在一起都两年了，我的学习成绩也并没有变坏啊。就算妈妈说得对，但没有玲玲，我怎么会学到那么多待人接物的方法呢？我不知是谁对谁错，我还是要按自己的想法去做，我认为这样没什么不好，反而能使我从别人身上学到了不少东西。学习成绩并不能代表一个人的好与坏。

上面这个例子，相信许多家庭都有过类似的情况。做父母的都希望自己的孩子与优秀的同学交朋友，向成绩好的同学学习，可一旦发现自己的孩子与成绩差的同学交朋友，便会感到惊恐万分，就像孩子已经变坏了似的。

1996年，中国青少年研究中心做了一份调查，发现有72.6%的父母表示："我希望孩子和他喜欢的人交朋友。"甚至79.8%的父母表示："我愿意孩子邀请他的朋友们到家里来。"但是，75.8%的父母表示："我对孩子选择朋友有严格要求。"81.6%的父母表示："我要求孩子选择学习好的同学做朋友。"64.9%的父母表示："我不愿意孩子有较亲密的异性朋友。"45.3%的父母表示："为了学习，我要求孩子减少与朋友的交往。"49.3%的父母表示："怕孩子学坏，所以我严格限制孩子交朋友。"

可见，父母对于孩子的朋友标准是以学习为主要参照，这就对孩子的交友有了一定的限制，对此，孩子们有一肚子的苦水。

一位女孩抱怨道：

真不知道父母怎么想的，他们对我的朋友总是会特别敏感。假如我想和女同学交朋友，得需要经过他们的"资格审查"。太注重打扮的不能交，学习差的不能交，眼神太灵活的不能交。假如我想和男生交朋友，那想都别想，干脆免谈。在这种"高压政策"下，我能交到朋友吗？谁还愿意和我交朋友啊？

有次，在回家的路上，我和班上的一位男生同路，被妈妈发现了，便又开始"例行审查"："刚刚和你在一起那个男生是谁？他是你们班的学生吗？"我真受不了妈妈这种询问的态度，但我没有别的办法，因为在他们眼里，我已经是个心里有秘密的半大不小的人了。

还有一次，在放学回家的路上，碰见两个男同学，平常大家都挺熟的，学习上经常相互帮助。他们说想到我家去聊聊，顺便熟悉一下。我还是爽快地答应了。虽然我知道父母将会怎样为难我。但我找了个理由，要他们对我父母说是我的同学，是来找我交流学习经验的。我之所以这样做，是担心父母不知道又要给我出什么样的难题。

总算有惊无险，父母还算给我面子，没有让我难堪，也没有当时把他们赶走。但是，爸爸还是不时地到我的房间来看看，我知道他是来监视我们的。那两个男同学也觉得很别扭，聊了一会儿便走了。

那天晚上，我都不知道自己是怎么上床睡觉的。

交朋友是再正常不过的事情，任何人都需要朋友。有一句名言：人的实质是社会关系的总和。我们的孩子应该在朋友圈中长大成人，这对于今天的独生子女来说，尤为重要。了解孩子交友的情况，并不是对他们满怀疑虑地搞什么"监督"，况且这种对孩子"不信任"的做法会让他们很反感，甚至会使父母失去了解真实情况的机会。父母可以与孩子谈谈朋友之间的交往，了解孩子对朋友的看法，作为"过来人"的父母与孩子推心置腹地谈心。孩子的朋友来"串门"了，大人正好从旁观察，得到直接的印象，并且还要很客气地对待孩子的朋友，以免伤了孩子的面子。

不要随意否定孩子的朋友

父母常常对孩子说"某某是坏孩子，不要和他一起玩"，说别人是"坏孩子"，这可能让孩子感到困惑。

孩子的心是善良纯真的，他与伙伴的友谊是真挚的。可父母偏偏否定这一切，并说他的朋友"坏"，孩子当然难以接受。

晓祥是个听话的孩子，学习成绩也很好，还是班里面的小组长，是大人们眼中的好孩子典范。

晓祥有个好朋友叫虎子，是老师眼里的"问题学生"。因为，虎子不但学习成绩差，而且还特别调皮捣蛋，总喜欢和老师作对。

一天，晓祥和虎子一起去网吧玩游戏，很晚才回家。妈妈询问原因才知道他和虎子去玩游戏了。妈妈不高兴地对晓祥说："你怎么能和虎子混在一起呢？"

晓祥很疑惑，问道："我怎么就不能和虎子在一起玩呢？"

妈妈回答："你知道'近朱者赤，近墨者黑'的道理吗？你整天和虎子这样一个坏孩子混在一起，说不定就会受到他的影响，变成像他一样的坏孩子！你知道吗？"

晓祥眨眨眼、挠挠头，迷惑不解。他心里面想：怎么和虎子一起玩，就会变成"坏孩子"了？

　　有的父母对孩子与同学的交往进行限制，只容许孩子同他们眼中的"好学生"来往，而不允许他们同那些"坏孩子"来往。这种过分干涉的做法一是会遭到孩子的反感，二是会使孩子感到孤单寂寞，缺乏与人交往的能力。

　　更严重的是，父母的这种越俎代庖的方法，还有可能使孩子形成错误的交友观，失去辨识良友劣友的判断能力，从而为他们日后与人交往设置障碍。

　　对待孩子，对待孩子交往的朋友，要抱着尊重的态度，引导孩子培养科学的交友观。尊重孩子的选择，让他拥有更多的真诚相待的朋友，学会和不同个性的人交朋友。

　　不要在孩子面前随意否定他们的朋友。说别人是"坏孩子"，这样会伤害孩子的心灵，让他从小对人产生"另眼相看"的不良习惯。这样一来，孩子在成长过程中，会失去很多交友的机会。

　　父母应给孩子自己选择朋友的权利，而不是过度干涉，这有助于孩子人际交往能力的提高。

　　要以尊重别人的态度去表达自己的意见。

　　生活中，父母经常会听到孩子对老师的投诉："老师一点也不公平！""老师今天冤枉我了，真气人！"这个时候，父母们应该先倾听孩子为什么说出这样话语的原因，然后以"你心里一定很不好受"表示对孩子的认同，再接着弄清楚事情的原委。

　　这天上自习课的时候，齐齐和同桌为了一个数学问题争论了起来，可能是两人有点过于投入了，说话的音量不免高了些。此时，正好班主任来巡视自习课的纪律情况，两人就被老师以上课讲话为由点名批评了一番。齐齐心里面特别不是滋味，他觉得自己只是在讨论学习问题，可是，老师却没有调查清楚就随便批评人。

回到家后，齐齐一个人在屋子里面生闷气，连最喜欢的足球比赛节目都懒得去看了，爸爸有点奇怪，便走到他的房间里，询问道："怎么了？有什么心事吗？"

齐齐没好气地说："我今天在学校被老师莫名其妙地批评了一顿。哼，真郁闷！"

爸爸看着孩子一脸委屈的样子，心想他一定在学校和老师发生了什么不愉快的事情了，他缓和地问道："现在，你心里一定有点不好受吧？可以把事情的经过告诉爸爸吗？"

齐齐这才把今天学校里面发生的批评事件告诉了爸爸。

爸爸听罢，给齐齐出了一个主意："既然是老师误会你了，你可以找个机会和老师解释一下，相信老师一定会给你一个满意的回答的。你要记住，学会以尊重别人的态度去表达自己的意见。"

齐齐在次日按照爸爸的建议找老师谈了，班主任在听过齐齐的解释之后，真诚地向他道了歉。

在所有亲子之间的沟通中，孩子都需要父母聆听心中的委屈，将自己心中的悲伤、生气情绪得以发泄出来。所以，父母以语言表达体会孩子的感受后，还要引导孩子把气话说出来。当孩子把内心的话说出来之后，心情自然会舒畅得多。

此外，父母在听完孩子的倾诉之后，如果是老师做得有点不对的时候，也不要立刻气鼓鼓地说："我要去投诉你们老师，问问他为什么要这样错怪你！"父母要记住，事情的重点不在于老师是否真的不公平，重点在于培养孩子，教会他们以尊重别人的态度去表达自己的意见，和与别人协调的能力。此时，可以建议孩子改天去和老师好好谈谈，表达自己的意思，这样的做法也有利于培养孩子适当的忍耐力。要告诉孩子，老师也是平平凡凡的常人，面对学生他们只是长者、授业者和教育者，即使是一位优秀的老师同样会有这样或那样的不足。

当孩子向父母表明自己被老师误会了，父母切不可立刻就说："是不是你做错了什么！老师才会这样对你？"这种把责任推到孩子身上的做法是教育中的大忌。

要学会和孩子倾谈心中的不快和各种委屈，让他们尽量把心事说出来，不要总闷在心中，这样的沟通有利于培养亲子之间的亲密关系，让孩子信任父母。

从倾听中认识孩子的朋友

赏识与尊重孩子，应该支持孩子的社会交往、尊重孩子的朋友，这样不仅可以让孩子感觉到父母对他的尊重而更加信赖父母，而且还可以促进孩子之间的友谊与交往，促使他们互相帮助、互相学习。

孩子需要朋友，孩童时代的友谊是十分珍贵的。朋友的缺失不仅使孩子的童年极为孤独，而且对孩子的身心健康极为不利。因此，父母应该珍视孩子的朋友，通过赏识与尊重孩子的朋友，培养孩子团结友爱、协作互助的良好习惯与健康的心灵。

小强有一个很不好的毛病，就是自己的东西总乱扔一气，结果到用时却怎么也找不到。之后，他认识邻居家一个叫芊芊的小女孩，两个人经常在一起玩。

隔离庇护，削弱了孩子的社交本领

小强的妈妈发现芊芊十分爱干净，自己的东西也从来都是整理得井井有条。因此，妈妈问小强："你与芊芊是好朋友吗？"

"当然是啊！"小强回答妈妈。

"好朋友就应该互相学习，你看芊芊多爱干净，总是把自己的东西收拾得整整齐齐，你能做到吗？假如你做不到，芊芊可能就不会与你做好朋友喽。"

之后，小强果然改掉了乱扔东西的坏习惯，自己的东西也收拾得整齐多了。

倾听中认识孩子的朋友，对孩子的成长有很多益处：

1. 可以通过赏识孩子朋友的优点，让孩子在与孩子的交往中主动学习，克服自己的缺点。

2. 尊重孩子的朋友，鼓励孩子与孩子们交往，可以培养孩子的社会适应与交际能力。

3. 鼓励孩子在与孩子的交往中培养群体意识，可以克服孩子过强的个体意识。朋友之间的群体生活可以克服孩子以自我为中心的毛病，让他们遵从群体活动规则，认识到每个人的权利与义务。

由此可见，父母应该鼓励孩子交朋友，当孩子有了朋友之后，应该通过倾听，促进孩子之间的交往。

对于孩子与朋友间的交往，父母也不能听之任之，使孩子陷入不当的交际圈。而是要充分利用他们喜欢交往的心理，因势利导，正确地引导与帮助他们建立纯真的友谊。

怎样才能做好引导孩子交到好朋友，并且从中认识孩子的朋友呢？

1. 让孩子学会选择朋友

父母要有意识地帮助孩子进行择友引导。这样孩子在交友时，也就有了一个大的原则与方向，从而避免陷入交往的误区。

2. 培养孩子交往的信心

在现实生活中父母不难发现，当孩子在某些方面有了特长，就会为他结识新朋友提供机会，在交往中增强自信心。

3. 指导孩子与朋友相处

在孩子交朋友的过程中，父母要不断地进行指导，对待朋友要真诚坦率，以诚相待，严以律己，宽以待人。每个人的性格、情趣各有不同，交往中就要尽量尊重朋友的意愿，主动寻找双方都感兴趣的事物进行交谈。另外，由于每个朋友的心里还都有心理敏感区，那就要在平时说话、玩笑里，尽量避免刺激朋友心理敏感点，不要刺痛朋友心灵的"疮疤"。

4. 尊重孩子的交往意愿

在孩子交往的过程中，尽管需要父母的指导，但父母也要尊重他们的意愿，让他们有一定的自主权。在选择朋友方面，父母与孩子的意见往往会不一致，只要对方不是品行太差，还是尽量先尊重孩子的意见，然后在他们交往的过程中，进行积极的引导与帮助。父母还应尊重孩子的朋友，欢迎孩子的朋友到家里来做客。父母这样做，既可以表示自己对孩子的尊重，也可以进一步密切和孩子的关系。

培养孩子正确的是非善恶观念

张先生经常对儿子大海说的一句口头禅是："顾好自个儿，别的啥都别管。"

隔离庇护，削弱了孩子的社交本领

有一次，大海在学校里跟同学打架，挨了老师的批评，张先生怒不可遏地冲到学校，打了大海的同学不说，还把老师大骂一顿，最后又与被打同学的父母扭打在一起。自此以后，大海在学校里越来越横行霸道、无人敢惹，得了个"小霸王"的称号，而张先生也被冠以"霸王爹"的"美誉"。

还有一次，父子俩在电视里看到一位热心人把一个被车撞倒在路边的老汉送到医院，最后却遭老汉家人诬陷的故事，张先生郑重地教育大海："看到没有，好事不能做。"

可以预见，在张先生的言传身教之下，大海长大后会成为一个什么样的人。张先生这种缺乏正确是非观念的教子方式是错误的，但是，父母自身拥有正确是非观念就能教出好孩子吗？那也未必，还要看父母以什么方式教育孩子。

在孩子道德行为的养成的过程中，需要告诉他们哪些是善的，哪些是恶的，哪些是应该做的，哪些是要坚决反对的。需要给孩子们实践的机会，"勿以善小而不为，勿以恶小而为之"，从点滴小事做起，使孩子在生活中磨炼意志，提高自我控制、自我调节、自我转化的能力，从而养成良好的道德习惯，形成稳定的道德品质。

道德既是一种人生境界，也是一种美好的生活方式，是与生活息息相关的。父母如果能躬行实践，道德则是世界上最为可贵的东西。相反，如果把道德仅当成教育、约束孩子的工具，而与自己无关，那也最让人感到痛心，要为孩子创造良好的道德教育气氛。孩子主要的生活环境是家庭，家里的环境和气氛的好坏对孩子道德品质、性格、兴趣爱好的形成，起着潜移默化的作用。为了陶冶孩子的情操并逐步形成良好的品德，家庭要形成团结友爱、民主活泼、勤奋好学和勤俭朴素的好风气。

子女可以从父母的模范行为中受到潜移默化的影响，汲取更多有益的营养。爸爸、妈妈毫无疑问地承担着培养孩子道德意识的责任。所有的育儿理论已经说了无数遍：父母实施教育的最有效的做法，就是自己给孩子做个表率。举个例子，如果某父母当着邻居的面大大地夸奖对方的孩子，而回到家关上门就说"这个小孩简直就是傻瓜一个"的时候，你还怎么能够让孩子成为一个品德良好的人呢。

在郑州曾经发生过这样一件事，一个15岁的孩子在郑州机场带着两个陪舞小姐，后被警方带走盘问，原来这孩子的父母从事电脑贸易，家境富裕，但很少过问孩子的学习和生活，孩子就带着15万元现金，周游各地，并叫上这两个小姐。当孩子的母亲到公安局领人时，对孩子没有任何批评，对警方也没有一句感谢的话。可想而知，这样的父母会养出一个怎样的孩子？

父母还必须重视的一点是，爱国教育是孩子道德培养的重要组成部分。

那么，怎么在潜移默化之下，实现了对孩子的教育呢？

1. 父母要引导孩子正确地评价自己和别人

孩子对各种道德现象的认识是很浅薄的，对人的道德评价往往以成人的评价为依据，所以父母对周围现象和行为的评价，要分清是非，善恶分明，给孩子留下爱憎分明的烙印。对于自己或他人的行为，先引导孩子去分析和评价，然后再对孩子的评价给以补充和纠正。比如在公园里看到有的孩子摘花，拿零食喂动物，就问："你看，他这样做对吗？"孩子会说："不对。"可以接着问："那为什么他这样做是不对的呢？"以此来引导孩子用所掌握的道德观念来进行分析。渐渐地，孩子就能独立地进行正确的评价。有了正确的评价就不难做出正确的举动了。

2. 要丰富孩子的道德情感

可以利用影视作品、书籍中良好的道德形象，引起孩子情感上的共鸣，应该经常运用孩子周围生活中具体的事情来感染孩子。

3. 父母还要注重训练孩子的道德行为

孩子的情感非常不稳定，容易冲动，自制力较差，所以孩子的道德认识常常和道德行为脱节。针对这种状况，父母要加强对孩子具体道德行为的指导和督促。父母对孩子作出的正确行为要不断赞美、强化，充分、及时地肯定和鼓励孩子的正确做法。看到孩子主动把玩具让给别人玩，就表示很赞同，并说："你做得很好，真是个好孩子！"看到别人在大街上随地吐痰，可以厌恶地对孩子说："真不讲文明！"父母这种鲜明的是非观，会给孩子留下深刻的印象。孩子以后遇到类似事情也会给出相同的评价，从而产生正确的价值观。

4. 要注意尺度的把握

父母在对是非善恶的把握上不能过分苛刻，要允许孩子犯错误，不能抹杀孩子天性中求知活力的一面，因为好孩子不是呆孩子。

别让孩子变成"小霸王"

一项心理调查显示：现在孩子越来越多地有暴力倾向。7岁到13岁之间的孩子，23.9%承认自己有通过暴力解决问题的想法。这是一个令人触目惊心的数字，父母们必须明白，孩子暴力习惯的危害，及早通过训诫的方式纠正这种不文明的行为。

有这样一个男孩，他是一个聪明的孩子，成绩优异、家境优越，父母对他宠爱有加。可他却在13岁那年，用刀捅伤了同学，进了少年劳教所。后来,他对发生在自己身上的悲剧做了反思:"从小到大,爸爸妈妈给我的教育就是:只要学习好,犯了什么错都不是错,父母都不会责怪我。因此,我变得很任性。可能是任性造成了我的一种霸气,我的个头在班上最高,成绩也好,同学们都很服我。上中学时,爸爸妈妈告诉我要我学习好,然后就是在外不要吃亏,不要被别人欺负。如果我吃了亏,被别人欺负了,他们肯定会认为我窝囊,没有用。记得我小时候,有一次我带了玩具飞机去幼儿园,小朋友们抢着玩,有一个小朋友玩着玩着居然不给我了。我急了,夺过飞机就朝他脑袋上刺去,把他的头刺出了血。家里赔了人家钱,我很害怕,以为回家要被处罚。哪知道,爸爸妈妈并没有责备我。我读小学四年级时打了同学,同学父母找到我家里来,我爸爸向人家赔了不是。送走了人家后,他对我说,'看这小子,懂得教训别人了。'妈妈告诉了我道理,她说,只要不被别人欺负,怎么做都行。当我去中学读书时,她对我说,现在的孩子都很霸气,你要是不让别人怕你,你就会被别人欺负。现在回过头来想想,我觉得父母对我的这些教育是不正确的,我在学校的打人习惯正是父母错误教育引导的结果。"

这个悲剧也引起了很多父母的反思,于是他们纷纷严厉管教孩子,纠正孩子爱打人的习惯。但是父母虽然有这个良好心愿,但往往不知道怎样教育孩子,因而往往产生相反的效果。

天恩是个7岁的孩子,刚刚上小学一年级,不过半年来,他已经给父母惹了一大堆麻烦,为什么呢?就因为他爱打人!上学才三天,就把一个小女孩的膝盖踢破了,后来又把同学的头打破了,再后来还划伤了同学的胳膊……为了这些事,爸爸妈妈批评过他,打过他屁股,可他还是一犯再犯。有一天,父子正在看电视,电话响了,爸爸接完电话怒气冲冲地拉过天恩就是两巴掌,天恩委屈地大哭大叫,爸爸更生气了："说过一百遍了，不许打人，你还敢再犯，今天打死你算了！"爸爸又打了下去，这一次，天恩竟然挣扎着用小拳头打爸爸，这让爸爸更生气了："真是太过分了，竟然打爸爸！"结果那天，爸爸狠狠地打了天恩一顿后，把孩子丢回房间去"反省"。天恩一个人在地上哭得稀里哗啦，不明白为什么爸爸可以打他，他就不能打人，最后他得出了一个结论，那就是他不能再打同学，只能打比自己小的孩子。

这是很可悲的，爸爸的"教育"只换来了一个消极结果。这都是因为教育方式不当造成的，如果父母能用训诫的方法教育孩子，那么效果一定会好得多。

训诫是一种正面教育方式，采用这种方法的第一步就是指出错误，点明其危害。比如在这个故事中，爸爸就不应该拉过孩子就打，而应该先让孩子知道自己犯了怎样的错误，要指出打人是一种野蛮行为，是为人所不齿的，没有人会和打人的孩子玩，再这样下去，他就会失去所有的朋友。

第二步就是分析。如果孩子之间发生了冲突，父母一定要保持冷静，不要立即大声呵斥孩子，让他停止争吵，更不能因为害怕自己的孩子吃亏而护着孩子。应该让孩子自己说清楚发生冲突的原因，然后让他自己提出解决冲突的方法，或者为孩子提一些解决冲突的建议。

第三步是说理。比如，当孩子在玩自己心爱的玩具的时候，别的孩子可能过去抢他的玩具，孩子急了就会打人。这时候，父母应该教育孩子对抢他玩具的小朋友说："这是我的玩具，让我先玩一会儿，等会儿我再给你玩。"或者让孩子友好地与其他小朋友共同玩。

第四步是对比。父母应当让孩子意识到，打人是一种让人多么不能容忍的行为。在孩子打了人后，就用对比法给他分析问题。例如："孩子，如果有人打破了你的头，让你流血了，那妈妈一定会非常伤心，非常难过，因为妈妈爱你，希望你永远平安。其他的小朋友也有妈妈，他们的妈妈也爱他们，你打伤了那些孩子，他们的妈妈该有多难过啊！"这种对比可以让孩子深刻认识到自己的错误，反省自己的做法。

而第五步就是警告。父母应该告诫孩子不要用武力解决和小朋友之间的冲突。父母绝对不会原谅他的打人行为，如果孩子再犯这种错误，就将受到严厉的惩罚。

训诫并非单纯的责备，更不是打一棍子完事儿，而是综合运用比较、劝勉、激励、警告等多种形式，刚柔相济，以达到教育目的。

教孩子正确处理与小朋友的冲突

孩子们之间很容易发生冲突，产生矛盾，此时教育自己的孩子最需要的就是讲道理，而不是纵容。

我们先来看看下面的事例：

天天和青青都满7岁了，同上小学一年级。据老师反映，这两个孩子都属于个性比较强、不太听话、坐不住的那种类型。天天的个头虽然不高，但却十分调皮；青青个子高一点，但要比天天老实一些。平时两个人还玩得很不错的，虽然在一起时总爱小打小闹，但老师都能及时制止他们。

一天放学后，很多小朋友都想在学校中多玩一会儿，来接孩子的

隔离庇护，削弱了孩子的社交本领

父母只好等在旁边。这时，突然从滑梯上传来吵闹声，正是天天和青青闹别扭了。

"我要先滑！"

"应该我先滑！"

只见两个人嘴里一边嚷着，一边互相推来推去，互不相让。天天虽然长得小，却一点不弱，一把将青青推到了旁边，自己先向下滑去。青青当然也不甘示弱，紧跟着滑了下来，在天天还没有站起来之前，他就撞了上去。这一撞把天天一下就撞到了地上，乐乐一边哭着从地上爬起来，一边就冲向了青青。于是，两人扭打在一块儿了。

天天的妈妈看到自己的孩子被人欺负，一团怒火顿时从心中升上来，冲过去一把将青青拉开，恶狠狠地对青青说："你这孩子怎么这样没教养！把别人撞倒了不说，还要打人。真是的！"

青青看见大人显然吓坏了，怯生生地回答说："是天天先推我的。"

"你这孩子，小小年纪，打了人还要狡辩。怎么了得！"天天的妈妈絮叨着。

青青的妈妈突然看见自己的孩子正被一个大人数落，心里很不是滋味，气愤地冲天天的妈妈嚷嚷："你这么大个人了，怎么跟小孩子一般见识，冲他嚷什么呀！"

"你眼睛长到哪里去了？没看见是你的孩子在打人吗？"天天的妈妈横眉冷对。

"那又怎么样？怕被人欺负就不要让他出门啊！没素质！"青青的妈妈也不甘示弱。

就这样，为了孩子间的一点小打小闹，两个大人却在那里吵得天翻地覆的，最后竟然还你推我搡的，把两个孩子吓得呆呆地站在一边不知怎么办才好。幸好几位老师及时来了，才将事情平息下来。当两个妈妈还在生闷气的时候，两个小家伙却早已重新爬上滑梯，又高兴地一起玩起来了。

怎样教孩子正确处理小朋友之间的争吵和打架呢？

1. 以一颗平常心来对待孩子之间的冲突

孩子之间是很容易起摩擦的，这不值得大惊小怪。父母不要对此斤斤计较，这样更有助于孩子间的友谊，促进彼此的了解，从而使孩子相互成为好朋友。如果问题比较严重，父母也只宜采取劝阻的方法，不要去添油加醋，促使矛盾的进一步恶化。最好能将自己的孩子带走，对他进行安抚及引导。

2. 正确引导孩子的自卫心理

小孩子在被人欺负后心里会很不舒服，就想立即讨回自己的公道，进而转化为动手。这是孩子的一种自卫心理，大人要让孩子树立自我保护的意识，但却要教育孩子不能动手打人，更不可主动去攻击别人。像天天的妈妈，她就做得非常欠妥。当她看到儿子被撞后，不去安慰自己的孩子而是去责备别人的孩子。发生这种事情，不妨将自己的孩子拉开，问问他的感受或替他说出感受，让孩子明白父母是知道他的感受的。接着对孩子做正确的引导，比如你可说："他撞了你，你很疼，那你打了他，他不也同样会很疼吗？"孩子从中找到平衡，很快就会将一切丢到脑后，愉快地玩耍了。

3. 让孩子意识到自己的错误，并主动道歉

青青的母亲要做的就是，要让孩子知道不管前面是谁先不对，但撞人本来就是不对的。就算是无意的，也应带孩子去向别人道歉。可以对孩子这样说："我知道不是你先动的手，可后来你却把人家撞疼了，这就是你的不对。去跟小朋友道歉，好吗？做好朋友不是更好吗？"这样孩子是会接受建议的。

4. 千万不可纵容和压制

在处理孩子与孩子间的矛盾时，父母一定要注意方法，过于疼爱和过于严厉都是不可取的。因为对孩子的迁就与疼爱而替他去撑腰，很容易助长孩子的攻击性，使孩子养成欺负弱小的习惯；对孩子太严厉也不能收到很好的效果。因为，孩子也有自己的感受，如果他得不到发泄，很容易造成心理扭曲，这样不仅伤害他们的自尊心，还让孩子没有自我保护的意识，从而变得胆小懦弱，并损害他的人格，导致他遇事不能自己处理。所以，父母们一定要注意把握一个度，让孩子的生理与心理都能健康地成长。

引导孩子融入集体中去

　　成功人士善于合作，善于融入集体，因为谁都不可能是一座孤岛，一个人要取得成功，必须学会与别人一道工作，并能够与别人合作。未来的时代是一个注重集体主义，需要团队精神的时代。

　　可现在的孩子大多缺乏集体意识和团队合作精神。这样下去的话，孩子将来可能很难立足于这个社会中。

　　彼得大帝小时候十分喜欢玩游戏，尤其是玩军事游戏。可是，他是个皇帝，这就使得他有一种与生俱来的优越感。因此，在游戏中他总是做首领，总是无礼地指挥小伙伴们干这干那，有时还会随意打骂他们，致使小伙伴们总是躲着他。小彼得也感觉到了小伙伴们对他的疏远，但他搞不明白为什么，就去向他的爸爸请教。

　　爸爸听他说了自己的困惑，哈哈一笑，引导他说："你是不是希望他们可以和你亲密无间啊？"

"是呀。"小彼得一听爸爸一语中的，高兴地回答。"那你知道问题出在哪里吗？"爸爸进一步问。

"我就是因为不知道才来问您的。"彼得不高兴地回答。

爸爸说："虽然你是皇帝，但他们还是很愿意和你一起玩，只是你总是以皇帝自居，在游戏中没有礼貌地叫他们干这干那。你喜欢争强好胜是对的，但你总是利用你的地位来达到这一切就不好了。"

"他们原来是因为这个啊。"听了爸爸的分析，彼得高兴得一蹦三尺高。随后，他又为难地问爸爸："那我以后应该怎么做呢？"

爸爸看到小彼得诚心改过，也希望小彼得成为一位人人尊敬的好皇帝，就进一步引导他："首先，在游戏中你应当把自己当成他们中普通的一员，而不是什么皇帝，要平等地对待小伙伴们。你要学会融入集体中去。然后，在行动上对你的伙伴要讲理，有时也应听听他们的想法，不可无理取闹。总之，你要融入他们当中去，去体会和了解他们的感受和想法，去和他们合作，共同完成游戏，这样你就会从中学到很多东西。"小彼得点了点头。

就这样，小彼得明白了一个人只有融入集体中，才能得到充分的锻炼和发展。这也为他以后成功的人生打下了最坚实的基础。

那么父母将如何培养孩子的集体观念，让他尽快地融入集体中去呢？

首先，要让孩子学会严于律己，与朋友建立友好、平等的关系。

在人格上，人与人永远是平等的。遇事要无私，要言而有信。只有这样，人与人之间才能互相信赖、和睦相处。要严以律己，宽厚待人，尊重他人，不轻易地怀疑、怨恨、敌视他人。

其次，让孩子在集体中成长。

鼓励孩子多参加一些集体的活动，只有在集体中，才能真正切身体会到与人和睦相处，共同合作的好处。这可以让他意识到他人的存在，学习到与他人相处的经验。与此同时也培养了他的合作意识。要引导孩子体会到，自己需要只是家庭中、集体中的一个，应该更多地想到整个家庭、整个集体的需要。

此外，要在生活中，尽量给孩子创造多一点的锻炼机会。孩子在生活中学到的知识、培养出的精神，都会渗透到他的性格中去，长大后会带入社会。一个懂得合作精神的人会很快适应工作岗位的集体操作，并发挥积极作用；而不懂合作的人在生活中会遇到许多麻烦，产生更多的困难，而无所适从。

例如，在家里要让孩子做些力所能及的事情，例如：自己洗衣服，帮助父母干家务等。

为了让孩子尽快融入集体中去，父母要努力培养孩子谦让、忍耐精神。让他知道，在集体中个人只是一个微小的元素，在从事一些活动时要互助与谦让。

帮助孩子养成良好的沟通习惯，这可以利于孩子增进同学之间的友谊；发扬团结互助精神，相互关爱，加强集体凝聚力。

在孩子选择朋友上表明态度

父母不能因噎废食，还是要让孩子积极参加各项有益的活动的，但必须得让他们知道哪些朋友是不该交的。如果我们对孩子的朋友某个方面很不满意，就应该当着孩子的面严肃地说出来。当孩子冲着我们转眼珠暗示我们别说时，我们不必大喊大叫，而应坚持以清晰、严肃的态度告诉他，哪些行为是不被我们所赞成的。

吉尔有一个5岁的女儿索菲娅，有一次吉尔带索菲娅去海滩上游泳课，索菲娅和另一个小姑娘交上了朋友。她们玩得很快乐，最后那个女孩的妈妈邀请索菲娅去她们家吃午饭，吉尔也欣然同意了。

两小时后，吉尔到索菲娅的新朋友家接她的时候，不得不在门廊跨过一堆垃圾，尽管是个明媚的下午，孩子们却在起居室里无聊地看电视。母亲正忙着呵斥一个大点的孩子，父亲正在斥责母亲。吉尔道了再见，将索菲娅接上车，系上安全带。一贯听话乖巧的索菲娅一路上都在抱怨母亲："你看泰密说话声大得能震破我的耳朵；泰密什么时候想吃零食她妈妈都愿意，泰密也可以一直看电视……"

吉尔听着索菲娅的这些唠叨，最后温和地说道："也许泰密的妈妈可以允许她那样，但我可不行。"

"你太蠢了！"吉尔第一次听到女儿这样说她，她简直有些震惊了，而一旁的索菲娅仍在不满地抱怨："你知道吗？泰密也不用系安全带。"

吉尔第一次遇到了这样的窘境：她的孩子已交上了她不喜欢的朋友。这使她不得不在两方面进行选择，一方面是孩子暂时的快乐，一方面是出于对孩子在道德、感情和生理上健康成长的关心。最终，吉尔选择了后者——告诉索菲娅，这样的朋友尽量不要与她交往。

孩子在相互交往中可以学到很多东西，父母应该尽力为孩子提供一个交友、择友的条件和机会。有的父母喜欢按照自己的意愿要求孩子去选择朋友，那样可能会给孩子带来心理上的压力，甚至引起孩子的逆反心理。当父母力图向孩子灌输好的择友标准时，也需要给孩子一点自由的空间，特别是对处于青春期的孩子。他们已有了较强的独立意识，与其强行干预，还不如适当提醒、引导更易见效。

如果孩子的朋友没有对孩子构成威胁，也没引导他做一些不道德或危险的事，父母就不必强制孩子与朋友断绝交往。如果父母发现孩子的朋友有一些不太好的性格和习惯，担心孩子受其影响，可以参与其中进行引导。比如，把孩子的朋友请到家里来，和孩子们一起做饭、做游戏、聊天，在与孩子们的交流中了解其朋友，并帮助他们分清是非，教给他们处理问题的具体方法；也可以和孩子们一起外出，参加孩子们喜欢的某些活动，如体育活动、郊游等，在活动中只要我们与孩子们真诚相处，孩子们会把我们当成大朋友，对我们无话不谈。

一位母亲说："几年前，我女儿要和一群孩子去参加北维蒙特的感恩音乐会，我想起自己像女儿那么大时参加这个音乐会的经历，知道那里很容易接触到毒品。其他孩子的父母没怎么考虑就让孩子去了，这更让我感到不安，但如果让女儿留在家里，她会非常难过。我唯一能做的就是在她出发前郑重地提醒她不要上当，结果她真的巧妙地摆脱了诱惑。她回来后非常感激我，说我的提醒使她有了思想准备。"

孩子需要拥有选择朋友的自由，但有时也期望父母介入其中，并且帮他们拒绝与那些不适当的朋友交往。一位母亲回忆说："儿子布朗森7岁时，和邻居家一个同岁的孩子捷凯关系密切。捷凯是个粗鲁、不听管教的孩子，起初我给他们定一些规矩，但捷凯不能遵守，布朗森也说服不了他，我只好不让捷凯来玩了。刚开始布朗森有点难过，但我也看出儿子有一种解脱的感觉，因为他知道我能帮他处理一些他不能控制的情况。"

有些孩子自身没有太多的问题，但他们的父母却有着不小的负面作用，比如有的父母吸毒、赌博等，使孩子在耳濡目染中深受其害。在孩子选择朋友的时候也要让他们学会关注朋友的生活环境，如果朋友父母的问题比较大，就需要做父母的出面干涉了。佛罗里达一个10岁女孩戴佳娜的母亲说："实际上我挺喜欢布雷特的，每次他到我们家玩时一切都很好，但当戴佳娜去布雷特家时，他父母根本不约束孩子的行为。他们经常恶作剧，朝经过的汽车上扔鞭炮，我女儿也参加。

但我想她也害怕,因为她把这些事告诉了我,她还说布雷特的爸爸有一个没上锁的抽屉,里面全是枪。还能怎么办呢?我只好禁止戴佳娜再去布雷特家玩了。"

如果这位母亲没有阻止自己的女儿和布雷特交往,可能会产生不堪设想的后果。虽然这种坚决的制止会造成孩子的痛苦甚至反抗,但是作为父母必须与孩子一起面对这种棘手而又头痛的问题。父母可以通过讲故事、摆事实的方式,晓之以理、动之以情,使孩子能够理解家长的态度和判断。孩子大多还是通情达理的,父母只是不要操之过急,不粗暴地训斥孩子,一般可以达到良好的沟通效果。

如果孩子在择友方面遇到严重的困扰时,就需要请专业人员给予帮助。判断孩子在交往方面是否有严重问题,主要标准是看他是否认为生活还充满希望,未来是否美好。如果这个问题的回答是正面的,那么这种积极的生活态度决定他不会做真正危险和破坏性的事;如果回答相反,则应该警觉起来,请心理医生或专业老师来解决。

总之,孩子择友也是对父母的考验与挑战,每个孩子有自己不同的性格、不同的环境、不同的办事方式,所以父母要根据孩子及所选朋友的特点,采取不同的态度进行"干预",或认同或引导,或提醒或阻止。

儿童性教育，父母必须正视的问题

中国家庭受传统文化影响很深，所以思想相对保守。这种根深蒂固的传统文化的束缚，让中国的父母至今不能正确的引导孩子如何正确地看待性的问题，大多数父母还是谈"性"色变，一直在回避孩子关于性的话题。这反而引起了孩子对性的好奇，觉得性是十分神秘的，这又往往会导致孩子误入歧途。事实上，性教育应该是孩子的必修课。

关注孩子的性别意识问题

关于孩子的性别意识问题，中国学前教育网撰文指出："现在越来越多的父母都非常关心和重视孩子青春期的性教育，让孩子学会保护自己、爱护自己，这是非常必要的。但父母往往忽视了孩子从出生就应开始的性别教育。性别教育是对孩子进行性教育的基础，是孩子对自身了解的启蒙，也是孩子形成健康人格的基础。所以从小就开始对孩子进行科学的性别教育也是非常必要的。"

心理学研究指出，人在3岁左右就有性别意识了。很多教育专家也提醒家长，为避免孩子性格发展出现偏差，最好从3岁前就培养孩子的性别意识，如告诉孩子男孩和女孩的差异。专家指出，3岁前的孩子是不太有性别意识的，3岁后孩子逐渐意识到"男女有别"并开始以性别自居。随着年龄的增长，孩子对男和女的着装、行为举止、性格特征会逐渐形成全面认识，也就逐渐形成了心理性别。

昊昊今年刚上一年级，开学一个月后的一天，昊昊回家一声不响，闷闷不乐的样子。细心的妈妈觉得儿子可能遇到了什么问题。

于是妈妈问："儿子，怎么啦？今天好像不高兴哦！"

"哼，今天萌萌不理我了，还把我推倒了！"昊昊委屈地说。

妈妈一听，觉得很惊讶。因为萌萌和昊昊是从小一起玩大的同学，幼儿园就是同学，好得形影不离。怎么会闹矛盾呢？

妈妈想到这儿，一边抱着儿子，一边耐心地问："为什么呀？你们不是最好的朋友吗？"

昊昊一听妈妈这话，眼泪再也止不住了，他哭得很委屈。从他断断续续的叙述中，妈妈知道了原因。原来在学校里，萌萌要上厕所，昊昊也要跟着去，萌萌不让，还很"粗暴"地把他推出厕所门外。

听了昊昊的叙述，妈妈会心一笑，心想该给儿子讲清楚萌萌为什么不让他跟着的原因了。

关于如何处理孩子的性别意识问题，建议家长从以下几点做起：

1. 帮助孩子确认自己的性别

孩子到了3岁左右，就应让他知道自己的性别，了解人类有男女的性别差异。这些知识必须正确，切不可认为孩子还小，就可以胡编乱造、蒙混过关。只有这样，孩子进入青春期后，才不至于产生性困惑和对性的过度神秘感。

2. 接纳孩子的性好奇

孩子的好奇心是一切学习的原始动机。他们偶尔的性游戏也是出于好奇、求知欲以及模仿心理。父母应该懂得，孩子的探索性是正常自然的，无须恐惧。反之，孩子越是被蒙在鼓里，越是好奇，就越有一种神秘感。如果采用严厉的惩罚方法去压抑孩子的性好奇，只会令他对性产生罪恶感和内疚感。其实，父母可以利用孩子的性好奇，因势利导地进行家庭性教育。比如，可以平静地询问孩子在玩什么、看到了什么，让孩子自由发表意见或提出疑问。这样，能够了解孩子的性知识有多少，就此给予正确教导。

3. 满足孩子的性心理

儿童会表现出一些性方面的心理需求，主要是儿童乐于与父母的肌肤直接接触，也称为"皮肤饥渴"。婴儿期的母乳喂养除了保证营养以外，更有增进母子感情、满足孩子性心理需求的作用，让孩子拥有更多的安全感。3岁以下的孩子，父母通过搂抱、亲吻等方式，可以满足孩子的"皮肤饥渴"。3岁到青春期之间的孩子，仍然存在很强的需求,但与父母肌肤直接接触的机会少了。父母可以通过与孩子游戏以满足其"触摸"的需求。父母经常与孩子一起做亲子游戏,这是任何其他的人都替代不了的。

4. 教会孩子与异性友好相处

儿童不会有成年人的异性之爱,但需要从小培养孩子如何与异性建立健康的情感,友好地相处,培养良好的群体生活习惯,让孩子在集体生活中既尊重自己,也尊重他人,发扬男女友爱互助的精神,与异性进行自然、友爱、健康的交往。

不要一味遮遮掩掩

鲁迅先生说:"生物的个体,总免不了衰老和死亡,为继续生命起见,就有一种本能,这就是性欲,因性欲才有性交,因性交才有后代,继续了生命,性交也并非罪恶,并非不净。"因此,对性问题大可不必羞羞答答,遮遮掩掩,应理直气壮地谈论它,让孩子更正确地认识它。

贺志伟是个腼腆的男生,一直暗恋着同班的一个女生。这名女生各方面都很优秀,人又长得非常漂亮,志伟觉得那个女生是只美丽的天鹅,而自己平凡普通,根本配不上她。所以他只能偷偷在一旁关注着他的天鹅,把那份青涩的爱恋藏在心里面。

可是,最近志伟却常常在梦里面见到他的天鹅,在梦境里志伟和女孩手牵着手,在郊外游玩,在那里,两人互相追逐着,玩笑着。女孩总会对着志伟绽开甜美的笑脸,温柔地对他说:"我喜欢你。"这些

儿童性教育，父母必须正视的问题

场景仿佛就在眼前，但当梦醒的时候，志伟便会感到特别疲惫，而且他的床单上总是湿湿的一片，就像尿床一样。志伟感到很害怕，不知道发生了什么事情，就把床单拿给妈妈看："妈妈，我的床单为什么会有这样的东西，我不会是尿床了吧？"

妈妈看着床单，只是简短地说了一句："没什么，你长大了就会这样的。"

志伟挠挠头，继续问道："什么意思？我不明白。"

妈妈急了，大声说道："别问这种不要脸的事情！自己拿去洗干净！"

志伟一下就蒙了，妈妈为什么这样回答呢？志伟满心疑问，可是看着妈妈难看的脸色没敢再问下去。

在家庭中，做父母的对子女闭口不谈性问题，对孩子提出的性问题也是讳莫如深、羞于启齿。就像故事里面的妈妈一样，竟然把孩子的问题斥责为"不要脸的问题"。

大量事实证明，封闭性教育是有弊而无益的。对青少年不谈性问题，不进行性教育，青少年在遇到这些问题时从正面的渠道无法得到答案，于是便会从一些不健康的网站或书籍中找寻答案，很多孩子甚至因此形成了不健康的性心理。朦胧的性意识和对性知识缺乏正确认识很容易使孩子步入歧途。

父母应是孩子性教育的启蒙老师，父母的观念会深刻地影响孩子，因此在性教育中，做父母的首先应加强性知识和性道德的学习，对性及性教育应有一个正确的认识。如果父母感觉性是不洁的，对孩子所问的有关性的问题不但不正确回答，反而斥责他们，孩子自然就会感到性是神秘的、不洁的；相反，如果父母感觉性是美好的，如同日出日落，月亏月圆一样自然，那么孩子对性问题也会有正确的概念。

当孩子进入青春期后，随着他们性意识的觉醒，应及时进行性知识和性道德教育，父母要选择适当的语言和适当的时机告诉他们，由于内分泌系统的成熟，性激素产生过多，少男少女开始出现第二性征，男孩子会长胡须，声音变粗，阴茎、睾丸增大，并出现遗精等生理变化；女孩子乳房隆起，臀部变宽，声音变细并伴有月经来潮。对男孩的遗精和女孩的月经初潮，应告诉他们这是一种正常的生理现象，是进入青春期的标志。

不要回避性问题，要直接回答孩子的性问题。回避、搪塞只会让孩子觉得这种事情见不得人，遮遮掩掩、制造神秘感只能增加孩子的好奇心，甚至导致对生育、性爱的恐惧。编造神话故事能让父母一时蒙混过关，但是将来孩子一旦发现事实，就不再信任父母。父母是孩子的第一任人生教师，所以必须从一开始就给孩子一个真实的答案。

给孩子符合他年龄段的回答。简洁地对孩子解释，而不是给他上一堂复杂的科学或者道德课程。如果回答不了，就找一本简单的书，和他一起阅读。

主动与孩子谈早恋

早恋一直是父母们广泛关注的问题，也是父母们最头痛的问题。早恋，作为恋情，本无可厚非，它是一种纯洁而不带任何功利的情愫，然而过早地陷身其中，却会影响孩子的身心发展与学习进步，因此，对青少年来说是弊大于利的。那么，父母怎样才能避免孩子陷入早恋的泥潭呢？教育学家认为，运用"以攻为防"的手段，做好预防工作是非常有效的。

青少年在进入青春期以后，由于生理的变化，会引起性意识的觉醒，开始认识到自己的性角色。对于异性，也由少年时期的相互排斥发展为青春期的相互吸引。渴望与异性交往，是每一个青春少年所必然具有的心理需求。然而心智尚未成熟，理智尚未充分发展，还无法有效地控制自己的情感，而此时又是学习的黄金时代，学习任务重，各方面压力大，容不得在其他方面过多地浪费精力和时间。若此时有了令人陶醉的爱情，任凭它毫无控制地发展下去，其后果可想而知。青少年们的"爱情"不但不能使他们提高进取心，相反，却成了昏沉度日，荒废功课，甚至毁掉前途的原因。因此，父母们都是旗帜鲜明地反对孩子的早恋，只不过很多时候他们采用的方法是不恰当的。例如有的父母在孩子上初中时就声色俱厉地警告孩子"不许早恋"，有的父母经常性地偷翻孩子的信件、日记，偷听孩子的电话，监视孩子的行动……这种做法不但避免不了孩子早恋，有时甚至还会使孩子因反感父母的做法而故意要去"早恋"。事先打好预防针，恶病自会祛除。

有一个16岁的女孩，长得非常漂亮，她的母亲因此特别不放心，总是对她疑神疑鬼，连接个电话她都要偷听，女孩非常气愤。后来当一个男孩追求她时，尽管她并不是非常喜欢那个男孩，但却还是答应了，用她的话说是："我倒想知道早恋有什么不好的地方，妈妈为什么一定要压制我！"

这真是一个令人哭笑不得的故事，妈妈的管教反倒变成了孩子早恋的"动力"，这都是由于母亲措施不当引起的，因此，只有采取正确的策略才能预防孩子早恋。父母应该把早恋的危害向孩子说清楚，让他们对早恋有个理性的认识。

1. 早恋会影响学习

少男少女一旦过早坠入爱河，往往会神思恍惚，情意缠绵，无法自制，学习成绩直线下降。正常的学习生活遭到破坏，对自己担负的紧张学习任务来说，显然具有极大的危害。曾有这样一位高中生，他本是班里的"尖子生"，但由于与同班一位女同学发生早恋，致使学习成绩急速滑坡，最后因在高考中"名落孙山"而受到刺激，变得精神失常。这一惨痛的教训发人深省。

2. 早恋影响身心健康

十几岁的孩子正处于身体发育、心理发展的关键时刻。此时，虽然身心发展在许多方面接近了成人，但毕竟还不成熟。如果过早地把精力放在恋爱上面，不仅有碍于智力的发展，而且还会因父母、老师的谴责和秘密交往的压力，造成性格上的缺陷和个性发展的障碍，同时对身体发育也有不利影响。

一位心理医生曾接待过40多名中学生"暗恋"者，发现他们普遍不愿把自己的感情变化和盘托出。他们感到现实的压力很大：一是来自父母的不理解，因而不敢说；二是害怕同学讥笑，不能说；三是担心对方拒绝，不愿说。因此他们心中虽然都有自己的暗恋对象，但心中同时又留有一份自尊。在冒险表白和维护自尊之间，他们往往选择了自尊。由于长时间的压抑，他们中有的人已患上了神经官能症。这是一种神经系统的功能失调症，主要由心理原因引发，包括焦虑症、强迫症、神经衰弱等。

3. 早恋可能导致出格行为

由于孩子自制能力有限，而且有关伦理道德方面的判断还很不成熟。在这种情况下谈恋爱很容易发生意想不到的出格行为。对这种潜在的危险，父母一定要让孩子有足够的认识，特别是具有早恋倾向的女学生，父母更应格外警惕。

据调查，热恋中的少男少女往往不能控制自己的感情而过早地发生两性关系。过早地发生性关系后，给双方造成的心理创伤是终生都无法弥补的。

4. 早恋有可能诱发犯罪

中学生中斗殴、盗窃等现象的发生，在很大程度上与早恋有关。男孩子年轻气盛、好面子，特别在女朋友面前，更不愿意丢脸，他们往往会因为另一方对女朋友说了一句不礼貌的话，或做出了一个不雅的举动而丧失理智，大打出手，甚至聚众斗殴，以显示自己的英雄气概。还有，恋爱需要有物质上的消费，但孩子们经济上尚未独立，而父母所提供的零用钱往往满足不了需要。为了显示自己的"大方"，男孩子感情一冲动，就会干起偷窃的勾当，不惜以偷或抢来的钱物满足自己的虚荣。

只有让孩子从思想上认识到早恋的危害性，认识到早恋可能给自己造成严重的后果，孩子才会在心理上早早做好准备，自觉地杜绝早恋现象的发生。

早恋要疏导而不要死堵

假如孩子真的早恋了，作为家长的你将采取什么样的对策呢？严堵吗？事实证明这是最无效的教育方法。家长们应该认识到，青春期的孩子被异性吸引是极其正常的，我们应该用温和的态度对孩子进行疏导，帮孩子跨过青春期这个坎。

事实上，有些父母一旦发现孩子早恋，通常会感到震惊和愤怒，认为孩子太不争气，道德品质太差。一有蛛丝马迹，必查个水落石出。不少父母方法欠妥，总把青春期的子女看作小孩子，不尊重孩子的人格尊严，私拆子女信笺，查看日记，监听电话，动不动就要严加管教，看不顺眼就任意训斥、责骂，还不允许辩解，因为辩解就是"翅膀硬了"、"顶嘴"、"造反"、"那还得了"。一旦发现"证据"，更是大动干戈，拳脚相加，控制人身自由。这往往会激起孩子的愤慨和内心的抗议，容易让孩子形成孤僻的性格，与家人疏远，甚至故意和家长对着干。

小北今年读初一。有一次，爸爸在为他整理衣物时，发现口袋里有张纸条，上面写着"我爱你"，以及几点在什么地方约会之类的话。爸爸一看，立即明白是有小女生向儿子示爱，由于怕影响孩子学习，爸爸气得劈头盖脸地骂起儿子，然后又贬低那女孩。可小北非但一句也听不进，反而很坚决地示威："我就是喜欢她，怎么样？"父子关系一度陷入僵持状态，爸爸十分气恼，一时又不知如何让是好。

这位家长的处理方法就很不合适，这样做不但没达到教育的目的，反而还产生了罗密欧与朱丽叶效应。所谓罗密欧与朱丽叶效应，就是当出现干扰双方恋爱关系的外在力量时，恋爱双方的情感反而会加强，恋爱关系也因此更加牢固。

因此，心理学家认为，当发现孩子早恋时，父母不应硬堵，而是要疏导，比如用暗示或提醒之类的语言加以点拨，从早恋及其负面影响入手，培养孩子树立自尊自爱的道德情操。不要直接批评孩子的错误，而用打比方、举例子的办法提醒孩子。这对于自尊心较强，有一定上进心且善解人意的孩子来说，举例得当很可能会使之悬崖勒马。劝说孩子时语气要温和、委婉，以情动人。向孩子指出"爱"本身并无过错，但作为孩子应遵守校规校纪，别让早恋影响了自己的理想前途。

有一个17岁的高中男孩，与一个同班女孩相恋了，男孩的父亲与儿子进行了一次属于两个男人之间的朋友式的谈话。

父："儿子，你是不是觉得她是最好的女孩？"

子："我觉得我认识的女孩里她最可爱，也最善良。"

父："爸爸相信你的眼光。但是，你才上高二，你认识的女孩有多少？"

子："……"

父："记得你的理想吗？你说你要上大学，将来还要出国深造，想成为一名律师或金融家。你知道你将来会遇上多少好女孩？爸爸并不反对你现在谈女朋友，但是，爸爸最反感的是见异思迁。你17岁就有了女朋友，这女朋友是你到目前为止认识的最好的女孩，可是，你将来会有更多的机会，到那时你该怎么办？"

子："可是，现在让我离开她，我会很痛苦。"

父：你初三时买的照相机呢？

子："前两天，妈妈给我买了个高级的，我觉得效果比原来那个好，就把那个扔箱子里了。"

父："这就叫一山更比一山高。你如果把握好每一个属于你的机会，你以后的成就只能比今天大，你面对的世界只会比今天更宽阔，到时候你的选择只会比今天更好，更适合你。如果你与这女孩真有那份情缘，到时候让它开花结果多好。儿子，一个人一生不可能不做些让自己后悔的事，但是，人生大事只有几件，后悔了，就遗憾终生。"

子："爸爸，我懂了……"

在父子轻松的交谈中，早恋的问题被解决了，这就是一次成功的疏导，在交谈中，父亲没有随便指责孩子，而是从侧面点拨、开导。

事实上，开明的家长是不会用粗暴的态度指责或打骂孩子的，因为他们知道，这样做只能使孩子逆反心理加重，把恋爱活动转入地下，越陷越深。有些孩子在向家长亮牌后，家长态度生硬，孩子无可奈何，出走、自杀，不能说家长没有责任。此时家长应心平气和，循循善诱，使孩子懂得早恋弊大于利，很难有结果。家长应引导孩子自己学会冷却这种狂热，把与异性交往控制在友情的范围之内。

另外，家长们要注意，我们应该尊重早恋的孩子，要倾听他内心深处的呼唤，理解他的烦恼，引导他脱出感情的旋涡，这样才能及时地制止孩子的早恋行为。

让孩子自己把握与异性交往的分寸

美国心理学家赫洛克把交友，包括交异性朋友的好处总结为八条：1.为双方带来了稳定感；2.彼此共同度过的快乐时光；3.获得与他人友好相处的经验；4.发展宽容大度与理解力；5.得到了掌握社交技能的机会；6.获得了批评他人和受他人批评的机会；7.为将来提供了求爱的经验；8.培养了诚实的道德观。

上了初中的小莉变得很爱交朋友，不仅与女同学的关系亲密，还有很多要好的男同学，有时候还和这些男同学一起到家里复习功课、在街上闲逛或者出去郊游。父母对此非常的担忧，怕女儿与这些男孩子们交往时一不小心闹出什么乱子来。

小莉的情况是很多进入青春期的孩子们都会遇到的，青少年喜欢广交朋友，因为"喜欢与人相处"、"渴望被人爱"是人的本性，再加上青少年对异性充满强烈的好奇心，所以很乐意在一起相处。

作为父母虽不能过多干涉孩子交异性朋友，但也不可放任不管，要正确引导，让孩子自己把握与异性之间交往的分寸。

进入青春期，孩子的性意识开始觉醒。青春期性的需求，主要表现在与异性交往中满足自己对异性的好奇心，以及释放性心理能量。正常的男女间的交往有利于相互了解，消除男女之间的神秘感，还可以得到智力上互渗、情感上互慰、个性上互补和学习中互激的作用。

善于与异性交往的青少年往往是开朗、活泼的，心理不受压抑。但一定要区分开友情和爱情，否则就会造成严重的后果。

友情是以友爱为出发点，是有共同目标的朋友之间的深切感情，爱情是以性爱为基础，是以结婚为目的的活动。爱情是两性之间所存在的一种特殊关系，需要通过理智、道德、意志来实现，需要负社会责任和法律责任。

"青春期"要处理好异性关系，否则最容易被误解、又最容易出问题，大多数父母、老师意识到自己的孩子或学生已经情窦初开时，或者只是在心里暗暗着急，或者旁敲侧击地去劝阻，或者不由分说地去制止，却很少与青少年开诚布公地沟通，更不会为他们提供指导。但是在茫茫人海中，除了男人就是女人，异性交往不但不可避免，而且还是现代社会每个人一生中最基本、最重要的交际形式之一。所以，如果父母真的关注孩子的生活幸福、事业成功，就必须让孩子具备与异性相处的本领，教会孩子正确把握与异性交往的尺度。

青少年的交往经常是凭直觉进行的，是纯洁和美好的，对这种友谊，父母应当格外尊重和鼓励。让孩子与异性自然交往，告诉他们不要把异性视为特殊对象而感到神秘和敏感；不要形成一种人为的紧张和过分激动的心态；也不必因对某个异性有好感，愿意与之交谈、接触，就认为自己爱上了对方，或以为对方对自己有情，错把友谊当爱情来追求。父母也不要把青春期的异性交往看作是"早恋"，是一种"错误的要求"或"会闹出乱子的坏事"，而想办法去"制止"、"拆散"。

父母要教育处在青春期的孩子用平常心态对待异性朋友，控制性冲动，培养自己的健康人格，端正性观念和批判"性解放"思潮。有人认为只要女孩愿意、男孩不吃亏，男女之间的性交往是很正常的。其实不然，男孩一旦放纵自己，不仅会给女友带来灾难，也会使自己产生强烈的罪恶感。

其实，学会与异性交往是"青春期"最重要的社会目标之一。按照人类心理社会发展的自然进程，一个正常人从初中开始就需要学习与异性建立友谊，因此与异性交往并非是"长大以后的事"。相反，如果真的等到离开学校走上社会以后才开始学习与异性交往，很可能就会因为缺乏锻炼而成为这方面的"困难户"。但是与异性交往时，要掌握好尺度，否则会适得其反。如果是男孩子的话，作为父母可以这样指导他：

首先，没必要过分拘谨。在和女生的交往中该说就说、该笑就笑，需要握手就握手，这都是很正常的，要是忸怩的话反而让人家讨厌。当然，要是过分随便，一定会把小女生吓跑。

其次，不要太严肃。太严肃让人不敢接近，望而生畏，可以不失时机地表现一下幽默感，这样比较容易受欢迎，但不要发展成油腔滑调。

再次，学会绅士风度。很多时候女性被视作弱势群体，所以"男子汉"们要学会谦让，学会保护女生。比如一起在马路上闲逛时，男孩子应该走在靠车行道的一边；进出门时，男孩子要给女士开门，让女士先进先出等。可以从"照顾"妈妈开始，训练男孩子的绅士风度。

假如说是女孩的话，父母要让她们务必注意与男孩子交往的尺度，做到既能展现女孩子的魅力，又能避免吞食苦果。

首先，不要过分热情。如果女孩子在交往中表现得过分热情，就会让对方觉得是轻佻之人，往往会产生非分之想，不利于正常交往。

其次，要保持警觉。"食色，性也"，不排除很多男孩子都有好色之嫌，所以女孩子要时刻保持警觉性，这样才能及时发现色狼的不良动机，采取防御行动。

再次，不要总是不理不睬。虽然在交往中一般都是男孩子采取主动，但是如果女孩子一直不理不睬的，保持着"冰山冷美人"的形象，不用多久就没有男孩子敢接近了。

除此之外，父母还要让孩子在与异性交往的过程中，保持广泛接触和群体形式，注意交往的分寸；少与异性单独接触，没有特殊需要不单独约会；注意把握和控制自己的性冲动，避免由于朦胧而产生的偏差，珍惜少男少女的纯洁；理智地、有分寸地对待出乎意料的感情越轨，尤其对待"性诱惑"要敢于说"不"。

让男孩顺着阳刚天性成长

男孩的阳刚之气是从小培养起来的，但是当今的家长却忽视了对男孩阳刚之气的培养，致使很多男孩越来越软弱，逐渐失去了男子汉的气魄。这种现象对于个体、社会乃至对整个民族而言，不能不说是一种极大的遗憾。

男孩缺乏阳刚之气是个非常严重的问题，我们应该认识到这一点。所以，我们有必要从小就培养孩子的阳刚之气。因为孩子小的时候，是塑造性格的关键期，你把他雕成温柔的羔羊，长大后他就是温柔的羔羊，你把他塑成勇猛的雄狮，长大后他就是勇猛的雄狮。

有个男孩名叫聪聪，他小时候长得眉清目秀，特别像个女孩。因为他的妈妈非常喜欢女孩，于是就给聪聪穿上花衣服和裙子，扎上两条可爱的小辫子。很多人见了，都说"这个小姑娘长得真漂亮"。

而聪聪的父亲是一家公司的负责人，他性情粗犷，从来没有与儿子谈过心，父子俩一年难得有一次交流的机会。妈妈一直把聪聪带在身边，晚上带着儿子入睡。直到聪聪长到9岁，才让他分床自己睡。

可是这个被人夸的"小姑娘"，在他15岁的时候，因为爱上同班的一个男生，向对方表露爱意时被拒绝，最后选择了自杀，所幸因抢救及时而保住生命。心理医生的检查结果让男孩的父母大吃一惊：父母培养孩子性别失衡，造成了儿子的性心理障碍。

由此可见，父母培养男孩时若把握不当，把男孩子当成女孩来培养，就会造成孩子的"性心理障碍"。

身为父母，在家庭的日常生活中，不要阻碍男孩阳刚气质的发展，比如说"你不能这样，你也不能那样"，更不能把男孩女儿化。只有这样，让孩子在男人阳刚天性的支配下，自由地去成长，才能成长为真正的男孩。

惠施和庄子都是魏王的好朋友。一天，魏王分别送给他们俩一些大葫芦的种子，对他们俩说："你们把这些种子拿去种在地里，会结出很大的葫芦。比比看，你们俩究竟谁种的葫芦大，到时候我还有奖赏。"

惠施和庄子都高兴地领受了，并将种子种在地里。

为了能种出比庄子更大的葫芦，惠施非常用心，而且，每天都施肥、除草。庄子的葫芦就种在不远的地方，但他从不施肥、除草，只是时不时来看看，见没有什么异常，就做别的事去了。

过不多久，惠施的葫芦苗一棵一棵地相继死去，最后，一棵也没成活；庄子的葫芦苗却长得格外好，慢慢地，都开花结了果，长出的葫芦都很大。

惠施觉得很奇怪，就跑来请教庄子："先生，为什么我那么用心地栽培，所有的苗都死光了，而你从来都不曾好好地管理，反而长得那么好呢？"

庄子笑着答道："你错了，其实我也是在用心管理的，只不过与你的方法不同罢了。"

"那你用的是什么方法呢？"

"自然之法呀！你没见我时不时也要去地里转转吗？我是去看看葫芦苗在地里是不是快乐，如果它们都很快乐，我当然就不用去管它们啦。而你却不管它们的感受，拼命地施肥，哪有不死之理呢？"

"这么说来，还是我害了它们？"

"就是啊！你的用心是好的，可是你不用自然之法，怎么可能得到自然万物的拥戴呢？"

惠施恍然大悟。

性心理学家研究认为，男孩和女孩生来就具备自身伊始的性别天性，比如在做游戏时，女孩玩的常常是过家家，而男孩常常是舞刀弄枪、追追打打。而现在的许多父母在管教男孩的时候，往往会限制和禁止他们的行为，这就无端地抹杀了他们成长的性别天性。

所以，培养男孩就应该像庄子种葫芦那样，采用自然之法，让他们顺着男人的阳刚天性去成长，而不是禁止和限制他们的天性。

培养阳刚气质的男孩，家长可以从以下几点做起：

1. 培养训练孩子的男子汉独立性

在家里，父母要将孩子当作真正的男子汉，给他独立做事的机会，并及早给他独立自由的活动空间，要有自己的小房间，从形式和内容上都要独立起来。

2. 父母要注重培养男孩的领袖素质

培养男孩独特的个性，父母不要替他们安排他学习和生活的细节，不应要求男孩唯唯诺诺，而应尽量教他学会自己拿主意、作决定，组织和指挥能力比什么都重要。

3. 父亲要给孩子做好男性榜样

父亲要给孩子做出好的男性榜样来，要给他鼓励、支持和时间与空间都到位的父爱，因为缺少父爱的男孩会"人格缺钙"。

4. 培养男孩适应社会的能力

父母要培养男孩的适应社会能力，让他与同龄人能广泛地交往，树立自己的良好公众形象与公信力，这是男孩走向心理成熟的必经之路。

从发展心理学的角度看，儿童的"战争"观念和成人的"战争"观念不同，前者是一种游戏行为，而不是成年人心目中的道德行为。美国心理学家丹尼鲁·庞斯认为，儿童之间的"战争"游戏应该说是正常的，有助于儿童建立社会正义感。